难倒大人的语文题

武瑛娟　主编

天津出版传媒集团

天津科学技术出版社

图书在版编目（CIP）数据

难倒大人的语文题/武瑛娟主编. —天津：天津
科学技术出版社，2012.5（2021.6重印）
（学习小博士）
ISBN 978-7-5308-6948-2

Ⅰ.①难… Ⅱ.①武… Ⅲ.①汉语—青年读物 ②汉语
—少年读物 Ⅳ.①H1-49

中国版本图书馆CIP数据核字（2012）第085382号

学习小博士——难倒大人的语文题
XUEXI XIAO BOSHI —— NANDAO DAREN DE YUWENTI

| 责任编辑：王　璐 |
| 责任印制：刘　彤 |

出　　版：	天津出版传媒集团
	天津科学技术出版社
地　　址：	天津市西康路35号
邮　　编：	300051
电　　话：	（022）23332399
网　　址：	www.tjkjcbs.com.cn
发　　行：	新华书店经销
印　　刷：	永清县晔盛亚胶印有限公司

开本 690×940　1/16　印张 13.5　字数 270 000
2021年6月第1版第4次印刷
定价：41.00元

前　言

不要遗忘大脑的基础——语文思维训练

　　这是一个社会发展迅速的快节奏时代，同时也是一个大脑飞速运转的科技时代。每个人都努力地使自己能够跟上时代发展的脚步，因而每天埋首于处理不完的工作中，殚精竭虑。已经渐渐遗忘了思维乐趣的你，是不是有一天突然发现自己的大脑越转越慢了呢？

　　如果你已经感觉到自己的思维在慢慢僵化，头脑也在不断退步，那么一定不要忽视这些一点一滴的变化。俗话说："大脑越用越灵。"只有不断地使用大脑、训练大脑，人们才能够保持思维的活力，开发出更多的脑力潜能。

　　人的大脑大约由1000亿个细胞所构成，这个数目不但令人惊讶，它还足以告诉我们，人脑的潜在能力绝对是很惊人的，它能超过世界上最先进的电脑。然而，有很多科学家却认为大多数人的大脑潜力仅仅只有3%～5%的部分得到了开发利用，即使被认为是最聪明的爱因斯坦，其开发利用率也不超过10%，也就是说人类的大脑潜能有90%以上处于未开发的闲置状态。那么，怎样才能训练思维，最大限度地开发大脑潜能呢？

　　人类的语言是思维的工具，而思维的发生则是人类语言形成的动机、基础和必然的结果。瑞士心理学家皮亚杰曾说过，就像是硬件和软件的关系一样，思维也必须以语言作为载体，才能呈现出来。

　　一个人一旦学会说话，他的思维就不光受到图像的影响，而且也开始受到词语的影响。有学者证明，语言表达的能力高低对一个人能够注意到什么东西，对他如何记忆并描述所看到的东西影响非常大，也就是说，良好的语言表达能力和文字思维能力能够辅助并提升人的观察力、注意力和记忆力。

因此，本书收集了当今小学知识体系中最为基础而又富含奥妙的500道语文思维训练题，囊括了语言文字、诗词文化、关联逻辑、语病规律等各个方面。这些题目虽然全部出自小学的知识范围，语病问题也都是比较基础而明显的，但是千万不要小看他们，他们可是曾经难倒过许多"大人"的独特训练题呢！这些训练题可以帮你重新建立起规范有利的文字思维习惯，提升你的语言表达能力和逻辑思考能力，有效增强你的观察力、注意力和记忆力。

如果你想要锻炼你的大脑，或是唤醒你快要沉睡的思维，那么快来挑战这些"难倒大人的小学题"吧！

编者

2012年1月

目 录

第一章 汉语拼音

1. 汉语拼音 声母 …………… 2
2. 汉语拼音 韵母 …………… 2
3. 汉语拼音 整体认读音节 …… 2
4. 看拼音写汉字（一）………… 2
5. 看拼音写汉字（二）………… 2
6. 看拼音写词语（一）………… 3
7. 看拼音写词语（二）………… 3
8. 看拼音写词语（三）………… 3
9. 看拼音写词语（四）………… 3
10. 选择题 …………………… 4
11. 加点字注音 ……………… 4
12. 填出注音字 ……………… 4
13. 加点字注音 ……………… 5
14. 多音字注音 ……………… 5
15. 巧填字 …………………… 5
16. 按要求排序 ……………… 5
17. 组拼音写汉字 …………… 6
18. 形近字注音 ……………… 6
19. 生字注音（一）…………… 6
20. 填充词语（一）…………… 6
21. 填充词语（二）…………… 7
22. 生字注音（二）…………… 7
23. 生字注音（三）…………… 7
24. 填充词语（三）…………… 7
25. 填充词语（四）…………… 8
26. 生字注音（四）…………… 8
27. 填充词语（五）…………… 8
28. 填充词语（六）…………… 8
29. 填充词语（七）…………… 9
30. 填充词语（八）…………… 9
31. 汉语基础知识填空 ………… 9
32. 新华字典第几页 …………… 10
33. 动手查字典 ………………… 10
34. 汉字的笔顺 ………………… 10
35. 文字常识 …………………… 10
36. 姓氏排音序 ………………… 11
37. 感叹词填空 ………………… 11
38. 拟声词填空 ………………… 11

39．动词填空 …………… 11	12．组成成语 …………… 22
40．巧注多音字 ………… 12	13．巧变字形 …………… 22
41．多音字读音 ………… 12	14．先拼字后组词 ……… 22
42．"一""不"的发音规则 …… 12	15．有趣的颠倒词 ……… 22
43．巧填"和"字音 ……… 12	16．填汉字 ……………… 23
44．按读音造句 ………… 13	17．汉字组词 …………… 23
45．有趣的谐音笑话 …… 13	18．巧填词 ……………… 23
46．破折号的用法 ……… 13	19．特殊的风 …………… 23
47．标点符号 …………… 13	20．一字多义（一）…… 24
48．引号的用法 ………… 14	21．一字多义（二）…… 24
49．趣味语文标点的妙用 …… 14	22．相同的意思 ………… 24
50．重要的标点 ………… 14	23．"木"字旁的字 ……… 25
答案部分： …………… 15	24．"芽"的意思 ………… 25
	25．趣味语文 …………… 25
	26．修改错别字 ………… 26

第二章 字与词难题

	27．修改错别字 ………… 26
	28．词语搭配 …………… 26
1．你认得象形文字吗 …… 20	29．选择题 ……………… 26
2．象形字 ………………… 20	30．词语排列 …………… 27
3．偏旁部首 ……………… 20	31．词语排序 …………… 27
4．关联词造句 …………… 20	32．词语分类 …………… 27
5．拼图猜字 ……………… 20	33．词语结构 …………… 27
6．组字游戏 ……………… 21	34．词语搭配 …………… 27
7．巧组字 ………………… 21	35．仿例写词语（一）… 28
8．组词游戏 ……………… 21	36．仿例写词语（二）… 28
9．巧组形声字 …………… 21	37．词语修饰不当 ……… 28
10．按要求写字 ………… 21	38．选词填空（一）…… 29
11．组词变成语 ………… 22	39．选词填空（二）…… 29

40. 组词填空（一） …………… 29
41. 组词填空（二） …………… 29
42. "一面"之词 ………………… 30
43. 总结中心词 ………………… 30
44. 以"客"组词 ………………… 30
45. 笑有不同 …………………… 31
46. 用"心"组词 ………………… 31
47. 填字解释 …………………… 31
48. 仿写词语 …………………… 31
49. 反义词与近义词 …………… 32
50. 成语近义与反义 …………… 32
答案部分： ……………………… 33

第三章 诗词记忆

1. 诗歌补完整 小池 ………… 38
2. 诗歌补完整 绝句 ………… 38
3. 按拼音填诗歌
    望庐山瀑布 …………………… 38
4. 诗歌补完整
    九月九日忆山东兄弟 ………… 38
5. 诗歌补完整 望天门山 …… 39
6. 诗词名句（一） ……………… 39
7. 按拼音填诗歌
    饮湖上初晴后雨 ……………… 39
8. 诗歌补充完整 游子吟 …… 39
9. 诗歌补完整 乞巧 ………… 40

10. 诗歌补完整 嫦娥 ………… 40
11. 诗词名句（二） ……………… 40
12. 诗歌补完整 题西林壁 …… 40
13. 按拼音填诗歌
    游山西村 ……………………… 41
14. 诗歌中的名景
    黄鹤楼送孟浩然之广陵 ……… 41
15. 诗歌中的地名
    送元二使安西 ………………… 41
16. 按拼音填诗歌
    过故人庄 ……………………… 41
17. 诗词名句（三） ……………… 42
18. 诗歌补完整 乡村四月 …… 42
19. 诗歌补完整
    四时田园杂兴 ………………… 42
20. 按拼音填诗歌 渔歌子 …… 42
21. 诗歌补完整 泊船瓜洲 …… 43
22. 诗歌补完整 秋思 ………… 43
23. 诗词名句（四） ……………… 43
24. 按拼音填诗歌 长相思 …… 44
25. 歌补完整 长征 …………… 44
26. 诗词补完整
    卜算子·咏梅 ………………… 44
27. 诗歌补完整 浪淘沙 ……… 44
28. 诗歌补完整 牧童 ………… 45
29. 按拼音填诗歌 身过安仁 … 45
30. 诗词名句（五） ……………… 45
31. 补充诗句（一） ……………… 46

32．补充诗句（二）…………46
33．补充诗句（三）…………46
34．补充诗句（四）…………46
35．补充诗句（五）…………47
36．补充诗句（六）…………47
37．补充诗句（七）…………48
38．古诗填句 ………………48
39．巧对诗句 ………………48
40．填古诗词 ………………49
41．填诗词 …………………49
42．诗歌填空 ………………49
43．诗词填字 清平乐·村居…49
44．诗词名句（六）…………50
45．诗词表格 ………………50
46．以诗明理 ………………50
47．以诗赞景 ………………51
48．"山""雨"之诗 …………51
49．四季之诗 ………………51
50．按作者写诗题 ……………51
答案部分：………………52

第四章　文字难题

1．猜字谜 ……………………60
2．猜字 ………………………60
3．有趣的字谜（一）…………60
4．有趣的字谜（二）…………60

5．读诗猜谜 …………………61
6．巧猜谜题 …………………61
7．猜猜看 ……………………61
8．猜字谜（一）………………61
9．猜字谜（二）………………62
10．猜地名 …………………62
11．巧猜谜语 ………………62
12．趣味谜语 ………………63
13．巧猜字谜 ………………63
14．巧猜成语 ………………63
15．文体猜谜 ………………64
16．巧组新字 ………………64
17．巧组字 …………………64
18．不同的量词 ……………64
19．夏季成语 ………………64
20．哪五种 …………………65
21．趣味语文 ………………65
22．"言""语"成语 …………65
23．妙语连珠 ………………65
24．动物巧比喻 ……………66
25．人体名称妙喻 …………66
26．谁是主角 ………………67
27．俗语换成语 ……………67
28．巧填标点 ………………67
29．巧填关联词 ……………68
30．按要求改句子 …………68
31．一句多义 ………………68
32．趣味造句 ………………68

33. 共同点 …………………… 69
34. 不怕雨淋的人 …………… 69
35. 哪一个比较长 …………… 69
36. 看不到脚印 ……………… 69
37. 拔腿就跑的猫 …………… 69
38. 平安无事 ………………… 70
39. 什么病 …………………… 70
40. 什么关系 ………………… 70
41. 问什么问题 ……………… 70
42. 奇怪的撞车事件 ………… 70
43. 不实用的布 ……………… 71
44. 为什么没有受伤 ………… 71
45. 同时进行 ………………… 71
46. 小王的绝技 ……………… 71
47. 没有上锁的房间 ………… 71
48. 叫什么 …………………… 71
49. 改时态 …………………… 72
50. 吃鱼的好处 ……………… 72
答案部分： ………………… 73

第五章 成语问题

1. "一"至"十"开头的成语 …… 78
2. 看图说成语 ……………… 78
3. 填成语 …………………… 78
4. 火眼金睛挑错字 ………… 78
5. 成语填空（一） ………… 79

6. 补充成语（一） ………… 79
7. 补充成语（二） ………… 79
8. 成语填空（二） ………… 80
9. 叠词成语 ………………… 80
10. 填字组词 ………………… 80
11. 组成语 …………………… 80
12. 仿例写成语 ……………… 81
13. 按要求写成语 …………… 81
14. 成语错别字 ……………… 81
15. 成语反义词 ……………… 81
16. 成语解释 ………………… 82
17. 字义和读音 ……………… 82
18. 巧填成语 ………………… 82
19. 挑出错别字 ……………… 83
20. 成语中的字义 …………… 83
21. 成语接龙（一） ………… 83
22. 成语接龙（二） ………… 84
23. 成语对应 ………………… 84
24. 解释成语中的字 ………… 84
25. 叠字成语 ………………… 85
26. 按要求写成语 …………… 85
27. 填成语 …………………… 85
28. 成语近义 ………………… 85
29. 格子组成语 ……………… 86
30. 巧组成语 ………………… 86
31. 方位词成语 ……………… 86
32. 数字成语 ………………… 86
33. 数字猜成语 ……………… 87

34. 趣味成语 …………………… 87
35. 地名成语 …………………… 88
36. 成语中的"心""意" …… 88
37. 填颜色，组成语 …………… 88
38. 化学名词组成语 …………… 89
39. 数学术语填成语 …………… 89
40. 体育项目组成语 …………… 90
41. 名人填填看 ………………… 90
42. 填国名组成语 ……………… 90
43. 填姓氏组成语 ……………… 91
44. 作家名组成语 ……………… 91
45. "春"的成语知多少 ……… 91
46. 辨"风"成语 ……………… 92
47. 动物名组成语 ……………… 92
48. 含"龙"成语 ……………… 92
49. 《静夜思》填成语 ………… 93
50. 古诗词句猜成语 …………… 93
答案部分： ……………………… 95

第六章　语言文字

1. 关联词 ……………………… 102
2. 关联词语 …………………… 102
3. 关联词语填空 ……………… 102
4. 正确的关联词 ……………… 102
5. 关联词语 …………………… 103
6. 填写关联词（一） ………… 103
7. 填写关联词（二） ………… 104
8. 填写关联词（三） ………… 105
9. 适当的关联词 ……………… 105
10. 补充关联句 ………………… 106
11. 关联句子 …………………… 106
12. 关联词连句 ………………… 106
13. 关联词填句 ………………… 107
14. 巧填关联词（一） ………… 107
15. 巧填关联词（二） ………… 108
16. 巧填关联词（三） ………… 108
17. 关联词填空 ………………… 108
18. 谁是比喻句 ………………… 109
19. 修辞手法 …………………… 109
20. 修辞判断 …………………… 110
21. 找语病 ……………………… 110
22. 挑语病 ……………………… 111
23. 修改下列病句 ……………… 111
24. 没有语病的句子 …………… 111
25. 只修改一处 ………………… 112
26. 不当的通知 ………………… 112
27. 病句修改（一） …………… 112
28. 病句修改（二） …………… 113
29. 句修改（三） ……………… 113
30. 病句修改（四） …………… 114
31. 病句修改（五） …………… 114
32. 排列句子 …………………… 115
33. 按要求改句子 ……………… 115
34. 改为比喻句 ………………… 116

35．修改病句 …… 116	8．成语中的口 …… 133
36．句子排队 …… 116	9．"手"的成语 …… 133
37．缩写句子 …… 116	10．能计算的成语 …… 134
38．正确缩句 …… 116	11．数字成语 …… 134
39．扩充句子 …… 117	12．"虎"字成语 …… 134
40．扩写句子 …… 117	13．成语猜谜 …… 134
41．排列句序 …… 118	14．三国中的成语 …… 135
42．修改句子 …… 118	15．成语话孔明 …… 135
43．仿例造句 …… 118	16．看叠字填成语 …… 135
44．将句子补完整 …… 119	17．成语藏诗 …… 135
45．按要求造句 …… 119	18．成语对对子 …… 135
46．一句多义（一） …… 119	19．成语不离"舌" …… 136
47．一句多义（二） …… 120	20．人物外貌之成语 …… 136
48．没有语病的句子 …… 120	21．近义词成语 …… 136
49．有趣的句子 …… 120	22．按要求写成语 …… 136
50．句变意不变 …… 120	23．巧填成语 …… 137
答案部分： …… 121	24．成语妙填空 …… 137
	25．对仗成语 …… 137
第七章 语文难题	26．省市读成语 …… 138
	27．语套成语 …… 138
	28．植物成语 …… 139
1．巧猜成语 …… 132	29．谚语写成语 …… 139
2．填成语，猜谜语 …… 132	30．改诗写成语 …… 139
3．趣味成语谜题 …… 132	31．古诗猜成语 …… 140
4．反义词成语 …… 132	32．新春快乐填成语 …… 140
5．首尾相同的成语 …… 132	33．课名成语 …… 140
6．"七""八"成语 …… 133	34．十二月的蔬菜歌 …… 141
7．"言""语"成语 …… 133	35．十二月的鲜花歌 …… 141

36．下雨天留客 …………… 141
37．爷爷奶奶猜年龄 ……… 142
38．头疼的问题 …………… 142
39．"口"字谜语 …………… 142
40．三字组成的字 ………… 143
41．添一笔变新字 ………… 143
42．"二"的妙用 …………… 143
43．想一想 猜一猜 ………… 143
44．文字摩天轮 …………… 144
45．数字组合字 …………… 144
46．巧念十字诗 …………… 144
47．怪诗如何念 …………… 144
48．巧读宝塔诗 …………… 144
49．曹操与关羽 …………… 145
50．颠倒顺序的词语 ……… 145
答案部分： ………………… 146

第八章　名诗谚语

1．挑诗句组古诗 ………… 152
2．缩诗 ……………………… 152
3．迷人的诗景 …………… 152
4．诗中"游"名胜 ………… 152
5．诗词名地 ……………… 153
6．诗歌中的名胜 ………… 153
7．诗歌中的地名 ………… 154
8．诗歌中的动植物 ……… 154

9．诗歌中的色彩 ………… 154
10．诗歌中的数 …………… 155
11．诗歌中的植物 ………… 155
12．诗歌中的动物 ………… 155
13．按要求写诗（一）……… 156
14．按要求写诗（二）……… 156
15．按要求写诗（三）……… 156
16．咏物赋诗 ……………… 156
17．根据意思填名句 ……… 157
18．古诗名句 ……………… 157
19．读文猜诗 ……………… 158
20．谚语填空 ……………… 158
21．气象谚语 ……………… 158
22．名言警句连线 ………… 158
23．名人名言 ……………… 159
24．古谚名句连线（一）…… 159
25．古谚名句连线（二）…… 159
26．古谚名句连线（三）…… 160
27．巧填谚语 ……………… 160
28．补充格言 ……………… 161
29．数字俗语 ……………… 161
30．趣联巧对（一）………… 161
31．趣联巧对（二）………… 162
32．对联中的秘密 ………… 162
33．有趣的对联 …………… 162
34．有趣的谐音歇后语 …… 163
35．有趣的歇后语 ………… 163
36．趣味歇后语 …………… 163

37. 古典名著歇后语 …………… 163
38. 生肖歇后语 ………………… 164
39. 歇后语连线 ………………… 164
40. 歇后语 ……………………… 164
41. 谚语和歇后语 ……………… 164
42. 补充谚语 …………………… 165
43. 歇后语填空 ………………… 165
44. 历史传说歇后语 …………… 165
45. 西游歇后语 ………………… 166
46. 歇后语补数字 ……………… 166
47. 歇后语填动物 ……………… 166
48. 有意思的重音 ……………… 166
49. 关羽论读书 ………………… 167
50. "联想"之意 ……………… 167
答案部分：………………………… 168

第九章　文学难题

1. 历史人物 …………………… 178
2. 四书五经 …………………… 178
3. 五岳 ………………………… 178
4. 岁寒三友 …………………… 178
5. 文房四宝 …………………… 178
6. 四大发明 …………………… 179
7. 唐代散文家 ………………… 179
8. 唐宋八大家 ………………… 179
9. 扬州八怪 …………………… 179

10. "春"之诗句 ……………… 179
11. 伟人的诗句 ………………… 180
12. 诗词出处 …………………… 180
13. 文学知识连线 ……………… 180
14. 名著连线 …………………… 181
15. 城市连线 …………………… 181
16. 中华传统节日 ……………… 181
17. 文学知识　水浒传 ………… 181
18. 外国名人名言 ……………… 182
19. 中国名人名言 ……………… 182
20. 读诗答问题（一）………… 183
21. 读诗答问题（二）………… 183
22. 按要求写成语（一）……… 183
23. 按要求写成语（二）……… 183
24. 时间之宝贵 ………………… 183
25 "一"的意思 ……………… 184
26. 人体部位的比喻义 ………… 184
27. "然"字词语 ……………… 184
28. 关联词语 …………………… 185
29. 关联词填空 ………………… 185
30. 格内格外组成语 …………… 185
31. 填成语变语文术语 ………… 186
32. "春""风"成语 ………… 186
33. 作家名入成语 ……………… 187
34. 十二生肖话成语 …………… 187
35. 方位词填成语 ……………… 187
36. 趣味数成语 ………………… 188
37. 给"食"找座位 …………… 188

38. 反义构成语 …………… 189
39. 成语的两面 …………… 189
40. 最恰当的成语 ………… 190
41. 巧填成语 ……………… 190
42.《登鹳雀楼》填成语 …… 191
43. 古诗词句填成语 ……… 191
44. 修改病句（一）………… 192

45. 修改病句（二）………… 192
46. 修改病句（三）………… 192
47. 改写句子（一）………… 193
48. 改写句子（二）………… 193
49. 改写句子（三）………… 193
50. 仿写句子 ……………… 194
答案部分：……………… 195

第一章　汉语拼音

知识是智能的基础，记忆是思维的基础。只有打好基础，才能真正掌握和传承蕴含着深厚文化底蕴的我们的母语——汉语。

1. 汉语拼音　声母　‖ 分数：2 分

请将下面缺少的汉语拼音声母按顺序补充完整。

b　p　＿　f　d　t　＿　l

g　k　＿　　j　q　＿

zh　ch　＿　＿　z　c　＿

y　＿

2. 汉语拼音　韵母　‖ 分数：2 分

请将下面缺少的汉语拼音韵母按顺序补充完整。

a　＿　e　i　＿　ü

ai　＿　ui　ao　＿　iu　ie　＿　er

an　＿　in　＿　ün

ang　＿　ing　＿

3. 汉语拼音　整体认读音节

‖ 分数：2 分

下面列出的整体认读音节还有哪些呢？请你将它们补充完整。

zhi　＿　shi　＿　zi　＿　si

yi　＿　yu

ye　＿　yuan

yin　＿　ying

4. 看拼音写汉字（一）　‖ 分数：2 分

看拼音写字，组成词语。

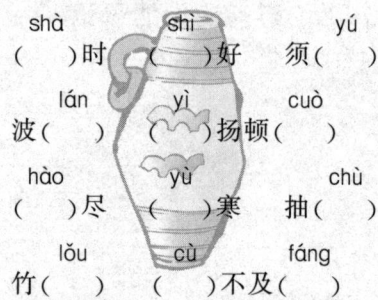

shà　　　　shi　　　　yú
（　）时　（　）好　须（　）

lán　　　　yì　　　　cuò
波（　）　（　）扬顿（　）

hào　　　　yù　　　　chù
（　）尽　（　）寒　抽（　）

lǒu　　　　cù　　　　fáng
竹（　）　（　）不及（　）

5. 看拼音写汉字（二）　‖ 分数：2 分

zhù　　　　dǐng
（　）立　　（　）盛

zhù　　　　dǐng
（　）扎　　（　）撞

zhù　　　　dǐng
（　）下　　酪（　）

jì　　　　xiá
发（　）　话（　）子

jì　　　　xiá
（　）静　直（　）市

jì　　　　　　xiá
（　）宿　　应接不（　）

jiǎn pǔ　　　chàn dòng
（　　）　　（　　）

6. 看拼音写词语（一）‖ 分数：2 分

zhāo pai　　mí máng
（　　）　　（　　）

yí dòng　　mǐn ruì
（　　）　　（　　）

méng lóng　　wéi gān
（　　）　　（　　）

zhuàng liè　　háo mài
（　　）　　（　　）

8. 看拼音写词语（二）‖ 分数：2 分

按拼音写词语。

luǒ lù　　　fù ráo
（　　）　　（　　）

lún kuò　　xiào lǜ
（　　）　　（　　）

pài qiǎn　　bào zào
（　　）　　（　　）

róng yán　　niǔ kòu
（　　）　　（　　）

7. 看拼音写词语（二）‖ 分数：2 分

dǒu qiào　　dàng yàng
（　　）　　（　　）

dàn shēng　　diǎn yǎ
（　　）　　（　　）

shè jì　　là zhú
（　　）　　（　　）

9. 看拼音写词语（四）‖ 分数：2 分

kāng kǎi　　hǎi nà
（　　）　　（　　）

bǎi chuān　　qí zhì
（　　）　　（　　）

fěi cuì　　ēn cì
（　　）　　（　　）

lián mián　　bù duàn
（　　）　　（　　）

niàn gzào　　　xuān bù
（　　　）　　（　　　）
dàn shēng　　miǎo xiǎo
（　　　）　　（　　　）

10. 选择题　　‖分数：2分

在加点字读音全对的一组后打"√"。

A. 屋脊（jǐ）　宫阙（què）
　 吮吸（yǔn）　鏖战（áo）
　 凌晨（líng）　　　（　　）

B. 锃亮（zèng）　眸子（mǔ）
　 弹琴（tán）　河畔（pàn）
　 瞭望（liào）　　　（　　）

C. 吓煞（shà）　蜷曲（quán）
　 鸟瞰（kàn）　音乐（yuè）
　 鸟喙（huì）　　　（　　）

D. 惬意（qiè）　衣冠（guān）
　 松散（sǎn）　炽热（zhì）
　 憧憬（chōng）　　（　　）

11. 加点字注音　　‖分数：2分

下列带"．"的注音全部正确的一组是（　　）

A. 发酵(Jiào)　筹集(chóu)　私塾(shú)　皑皑(ǎi)　镌刻(juān)

B. 遐想(Xiá)　中用(zhōng)　焚烧(fén)　更夫(gēng)　憋气(biān)

C. 矫健(jiāo)　作祟(xǔ)　坠落(zhuì)　谱写(pǔ)　气馁(nǎi)

D. 肃穆(mò)　淘汰(tài)　刻薄(bó)　记载(zǎi)　会晤(hù)

12. 填出注音字　　‖分数：2分

请在括号中填出所注拼音对应的同音字。

　pǔ　　　　　　pǔ
（　）通　　　曲（　）

　cǎi　　　　　cǎi
（　）摘　　　色（　）

　mí　　　　　　mí
入（　）　　　（　）语

　wén　　　　　wén
（　）章　　　波（　）

　hé　　　　　　hé
如（　）　　　（　）花

样(shì)　考(shì)
互(xiāng)　车(xiāng)
(fēn)数　纠(fēn)
(zhì)于　细(zhì)
(pí)球　(pí)劳

教( )书　教( )室
降( )落　投降( )
羊圈( )　圆圈( )
石缝( )　缝( )补
便( )宜　方便( )
重( )要　重( )新

15. 巧填字　‖ 分数：2分

请为下面的注音处填写汉字。

草本(suàn)，木本(jiāo)，大
(cōng)生(jiāng)做佳(yáo)。
食(yán)咸，米(cù)酸，豆
(bàn)儿(là)(jiàng)味道鲜。

13. 加点字注音　‖ 分数：2分

请为下列成语中的加点字注音。

博( )览群书　孜孜( )不倦
勤学好( )问　学而不厌( )
坚持不懈( )　业精( )于勤
专心致( )志　聚( )精会神
废寝( )忘食　竭( )尽全力
锲( )而不舍　脚踏( )实地

14. 多音字注音　‖ 分数：2分

请为下面加点的多音字注上正确的读音。

16. 按要求排序　‖ 分数：2分

将下面的几个字，按要求排序。

凹 鼎 肃 真 小 精

按音序排列的顺序是_____；

按笔画数从小到大依次是_____。

17. 组拼音写汉字　‖分数：2分

请用 A、A、D、I、K、N、U 这七个字母合理组合，把加上声调后形成的拼音写在横线上，并把相应的汉字词语写在对应的括号里。

_____
(　　) (　　)
_____
(　　) (　　)

18. 形近字注音　‖分数：2分

请为下列形近的加点字注音。

引导（　） 继续（　）
差异（　） 断开（　）
旅（　）游 凶狠（　）
旋（　）转 恶狠（　）

19. 生字注音（一）　‖分数：2分

请给下列生字注音。

遂（　）獐（　）猕（　）
猿（　）顽（　）窍（　）
镌（　）挠（　）

20. 填充词语（一）　‖分数：2分

请在下面注音处填上正确的汉字。

zhào　　yì　　yǔn
（　）集 商（　） （　）诺

lóng　　qiè　　cí
（　）重 胆（　） 推（　）

zhū　　jì　　què
（　）位 妒（　） 推（　）

yán　　dù　　léi
（　）迟 调（　） （　）鼓

nà　　yuán
（　）喊 支（　）

bì　　gōng
完（　）归赵 （　）无不克

jīng　　xié
负（　）请罪 同心（　）力

自有（miào）用　神机（miào）算

21. 填充词语（二） ‖ 分数：2分

请在下面注音处填上正确的汉字。

（xiàn）期　吓（hu）　（guǐ）计

霹（lì）　（sū）软　（líng）通

（bèng）裂　（bì）暑　（kǎi）书

（zào）化　家（dàng）　顽（liè）

（liàng）（liàng）跄跄　喜不自（shèng）

伸头缩（jǐng）　抓耳挠（sāi）

22. 生字注音（二） ‖ 分数：2分

请给下列生字注音。

烽（　）火　平庸（　）

书刊（　）　基础（　）

警署（　）　灼（　）热

焚（　）烧　警惕（　）

劫（　）持　憧（　）

憬（　）　陷阱（　）

束缚（　）　铤（　）而走险

23. 生字注音（三） ‖ 分数：2分

请给下列生字注音。

擞（　）　裆（　）　绽（　）

扳（　）　咚（　）　侄（　）

痰（　）　皆（　）　敛（　）

媳（　）　骚（　）　携（　）

24. 填充词语（三） ‖ 分数：2分

请在下面注音处填上正确的汉字。

破（zhàn）　（gū）咚　穿（suō）

辉（huáng）　（sāo）风　打（liang）

（zhì）标　（jiāng）豆　（fu）师

包（fu）　手（jí）眼快

精神抖（sǒu）　（bǎng）大腰粗

渗（　） 旺（　） 聆（　）
薯（　） 瓢（　） 悍（　）
犷（　） 簏（　）

25. 填充词语（四） ‖ 分数：2分

请在下面注音处填上正确的汉字。

　　tòu　　shuǎng　　xián
（　）亮　清（　）　（　）接

　　suǒ　　wēi　　xiàn
搜（　）　（　）严　露（　）

　　zhèng　　mó　　róng
发（　）力　（　）力　通（　）

　　bó　　duàn　　jiǒng
刻（　）　武（　）　（　）境

　　niǎn　　yǎ　　jiū
（　）跑　（　）致　考（　）

　　　　yí　　bó bó
半信半（　）　兴致（　）（　）

miào
（　）不可言

26. 生字注音（四） ‖ 分数：2分

请给下列生字注音。

斓（　）　炽（　）　沛（　）
硕（　）　炬（　）　蟒（　）

27. 填充词语（五） ‖ 分数：2分

请在下面注音处填上正确的汉字。

　　zhòu　　qiè　　jǐ
宇（　）　真（　）　（　）梁

　　tǐng　　shāo　　cāng
小（　）　船（　）　船（　）

　　mǔ　　dǎo　　huá
保（　）　（　）告　（　）表

　　bó　　wǎn
停（　）　（　）尔一笑

　　　jǐn　cù　chà　yān
花团（　）（　）　（　）紫（　）红

　　　xiá　　nài　　xún
应接不（　）　人（　）味

zòng
操（　）自如

28. 填充词语（六） ‖ 分数：2分

请在下面注音处填上正确的汉字。

　　yōu　　chí　　mó
（　）闲　松（　）　按（　）

gān　　　fèn　　　mǎng
（　）尬　气（　）　（　）蛇
　　rǎn　　　zuì　　　lán
感（　）　陶（　）　斑（　）
　　chì　　　zhàn　　　pèi
（　）热　（　）蓝　充（　）
　　shuò　　　shèn　　　líng
（　）大　（　）透　（　）听
　　hàn　　　guǎng　　　gōu
强（　）　粗（　）　（　）火
　　shú　　　dǔ　　　fēng xiàn
（　）视无（　）　冲（　）（　）阵
　　piān piān　　　fán　　　jǐn
（　）（　）起舞　（　）花似（　）
　　bīn bīn　　　　　xiá
（　）（　）有礼　目不（　）接

29. 填充词语（七） ‖分数：2分

请在下面注音处填上正确的汉字。

　　jié　　　zhù　　　shī
（　）出　修（　）　（　）工
　　náo　　　hōng　　　jiān
阻（　）　（　）动　（　）巨
　　yì　　　miǎn　　　liè
（　）然　（　）励　恶（　）
　　chà　　　zhī　　　bì
（　）道　真（　）　（　）免
　　méng　　　qī　　　liè
（　）胧　（　）凉　强（　）

　　xuán　　qiāo　　rě　　jī
（　）崖（　）壁　（　）人（　）笑
　　bān
可见一（　）

30. 填充词语（八） ‖分数：2分

请在下面注音处填上正确的汉字。

　　kān　　　tiáo　　　mèn
（　）测　（　）节　沉（　）
　　xiǎng　　　fǔ　　　chún
分（　）　（　）养　（　）洁
　　liè　　　gāng　　　lüè
热（　）　（　）劲　领（　）
　　fù　　　qū　　　tàn
（　）苏　先（　）　惊（　）
　　bì　　　xǐ　　　tāo　　fú
（　）空如（　）　波（　）起（　）
　　zhé　　náo　　yá　yá
百（　）不（　）　（　）（　）学语

31. 汉语基础知识填空 ‖分数：2分

①学校有"金、倪、王、张、孙、胡、费、曹"几位老师，按音

9

序表中的顺序排列,排在最前的应是_____老师,排在最后的是_____老师,排在第五位的是_____老师。

②在"折磨"、"磨平"、"磨盘"这三个词语中,"磨"的读音依次是_____、_____、_____。

③在"裹上"、"嚼着"、"情谊"、"摔跤"、"钳子"这些词语中,读轻声的词语是_____。

A. 梵:查部首"凡",查音序"F",意思是与佛教有关。

B. 冕:查部首"日"或"曰",读音是miǎn,意思是帝王的帽子。

C. 婪:查部首"女",查音序"L",共11画。

D. 梦:查部首"木"、"夕"都可以,读音mèng。

32. 新华字典第几页　‖ 分数:2分

《新华字典》中,"筷"、"狂"两个字都在第260页,根据音序排列规律,推断出"宽"、"款"、"筐"三个字所在的页码。它们分别在(　　)页。

A. 259、260、261
B. 258、259、261
C. 260、260、260
D. 260、261、261

33. 动手查字典　‖ 分数:2分

下面查字典,答案每项都正确的一组是(　　)。

34. 汉字的笔顺　‖ 分数:2分

下列汉字笔画,笔顺正确的是(　　)

(1)"长"字共5画,第三笔是横。

(2)"魂"字共14画,第三笔是撇折。

(3)"凹"字共6画,第四笔是横折。

(4)"肺"字共8画,第五笔是横。

35. 文字常识　‖ 分数:2分

判断下面说法是否正确,正确的打"√",错误的打"×"。

(1)"潘"和"庞"这两个字的读音是一样的。（ ）

(2)"瀑"和"爆"的音节相同；"遨"和"袄"的音序相同。（ ）

(3)"栏"和"难"的声母相同；"晕"和"拥"的韵母不同。（ ）

(4)读"我想买五两好米酒"这句话时，各字的语调都是第三声。（ ）

36. 姓氏排音序 ‖分数：2分

学校有"王、黄、李、张、孙、白"六位老师，把他们的"姓"按照音序排列，排在最前面的应该是＿＿老师，排在最后面的应该是＿＿老师。

37. 感叹词填空 ‖分数：2分

请在括号里填上适当的感叹词。

1.（ ）！我通过了。

2.（ ）？真的是这样吗？

3.（ ）？他怎么可以走了？

4.（ ）！我又不能回家了。

5.（ ）！我倒要看看谁厉害。

38. 拟声词填空 ‖分数：2分

在括号里填上适当的拟声词。

1. 小河里的水（ ）地流着，欢快地奔向远方。

2.（ ）的雷声像开山炮，响个不停。

3. 清晨，小麻雀在树上（ ）地叫着，啄木鸟（ ）地敲着树干。

4. 大风（ ）地刮着，大雨（ ）地下着。

5. 夜间，池塘里的青蛙（ ）地叫着，好像在比赛一样。

39. 动词填空 ‖分数：2分

在括号里填上恰当的动词，不能重复。

(1)（ ）一趟 (2)（ ）一遍

(3)（　）一把　(4)（　）一眼
(5)（　）一句　(6)（　）一遭
(7)（　）一下　(8)（　）一脚

40. 巧注多音字　‖分数：2分

给下列多音字注音。

(1) 好种（　）种好西瓜，西瓜留种再种（　）好瓜。

(2) 这个恶（　）人真可恶（　）。

(3) 你怎么还（　）不还（　）我的钱？

(4) 小兴安岭蕴藏（　）着丰富的宝藏（　）。

(5) 明天在这里召开会（　）计会（　）议。

41. 多音字读音　‖分数：2分

从前，有位读书先生，他在自己的书房写了一副对联："好读书不好读书，好读书不好读书。"乍看，

上下联完全重复，其实颇有深意。上联写的是年轻的时候读书的情形，下联写的是老年以后读书的情形。要把意思表达准确，关键在于把"好"字的声调读准，四个"好"字的正确读音依次是：____、____、____、____。

42. "一""不"的发音规则
　　　　　　‖分数：2分

选择正确的读音。

一（yī　yì）年
一（yī　yì）小时
一（yī　yí）万
一（yī　yí）上树
不（bú　bù）见
了不（bú　bu）起

43. 巧填"和"字音　‖分数：2分

填出下列"和"字的读音：
1. 和平（　）　2. 和面（　）
3. 和诗（　）　4. 附和（　）

5. 和蔼（　） 6. 和弄（　）

44. 按读音造句 ‖分数：2分

(1) 大意 dà yì _____

(2) 大意 dà yi _____

(3) 对头 duì tóu _____

(4) 对头 duì tou _____

45. 有趣的谐音笑话 ‖分数：2分

"枇杷"与"琵琶"

有人送枇杷给一个县官，可他在礼单上把"枇杷"错写成了"琵琶"。县官笑道："'(pí pá①)'不是此'琵琶'，只恨当年识字差！"有个客人应声道："若使（pí pá②）能结果，满城箫管尽开花。"

① _____ ② _____

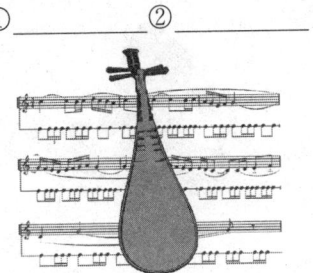

46. 破折号的用法 ‖分数：2分

破折号有三种用法：① 解释说明；② 表示意思转折；③ 表示声音的延长。

下面每个句子中的破折号各使用了哪种用法？

(1) 这是一年的最后一天——大年夜。（　）

(2) 街上飘着一股烤鹅的香味，因为这是大年夜——她可忘不了这个。（　）

(3) 那是一双很大的拖鞋——那么大，一向是她妈妈穿的。（　）

(4) 联合国在它成立50周年前夕，得到了一份珍贵的生日礼物——由12亿中国人民赠送的巨型青铜器——"世纪宝鼎"。（　）

(5) 孩子虽然不算多——只有两个。（　）

47. 标点符号 ‖分数：2分

下列句子中标点符号使用正确的一句是（　）。

A. "行啊"，小明回答说："叫我干什么都行！"

B. 不速之客——陨石，真是自

己送上门来的《天然史书》啊!

C. 他们匆匆地说了声"对不起!"又匆匆地往前跑。

D. "路是自己走出来的!"徐向前元帅常常告诫自己的子女不要靠爸妈去"铺路"。

48. 引号的用法　‖分数：2分

写出下面句子中引号的用法

1. 海伦学会了拼写"泥土"、"种子"等许多单词。（　）

2. 海伦很快学会了用手指"说话"。（　）

3. 她用这动人的笔调描绘出她心中"看"到的世界。（　）

4. 她不能喊一声"妈妈"，也不能倾诉心中的希望和要求。（　）

49. 趣味语文标点的妙用
　　　　　　　　‖分数：2分

传说，清朝末年，慈禧太后请一位著名的书法家为她的扇子题诗。那位书法家写的是唐朝王之涣的诗《出塞》：黄河远上白云间，一片孤城万

仞山。

羌笛何须怨杨柳，春风不度玉门关。

由于疏忽，书法家忘写了"间"字。慈禧大怒，要杀他。那位书法家急中生智，连忙解释道："老佛爷息怒，这是用王之涣的诗新填的一首词。"并当场断句，读给慈禧听："黄河远上白云一片孤城万仞山羌笛何须怨杨柳春风不度玉门关。"

慈禧听了，转怒为喜，连声称妙。

你知道他是怎样断句的吗？请将标点符号加入上面诗词中。

50. 重要的标点　‖分数：2分

一个年轻人外出做生意，给父母写了这样一封电报："儿的生活好痛苦也没有粮食多病少挣了很多钱。"父母接到信后，用了不同的标点符号来停顿，结果一个笑一个哭。

读了后笑了，是因为这么读：_____

读了后哭了，是因为这么读：_____

答案部分：

第一章　汉语拼音

1. b p m f d t n l g k h
   j q x zh ch sh r z c s y w

2. a o e i u ü ai ei ui
   ao ou iu ie üe er
   an en in un ün
   ang eng ing ong

3. zhi chi shi ri zi ci si
   yi wu yu ye yue yuan
   yin yun ying

4. 霎时　嗜好　须臾　波澜
   抑扬顿挫　耗尽　御寒
   抽搐　竹篾　猝不及防

5. 伫立　鼎盛　发髻　话匣子
   驻扎　顶撞　寂静　直辖市
   住下　酩酊　寄宿　应接不暇

6. 招牌、迷茫、移动、敏锐、
   朦胧、桅杆、壮烈、豪迈

7. 陡峭　荡漾　诞生　典雅　设计
   蜡烛　俭朴　颤动

8. 裸露　富饶　轮廓　效率　派遣
   暴躁　熔岩　纽扣

9. 慷慨　海纳百川　旗帜　翡翠
   恩赐　连绵不断　酿造　宣布

诞生　渺小

10. A 屋脊（jǐ）　B 眸子（móu）
    C（√）　　　D 炽热（chì）

11. A

12. 普通　曲谱　采摘　色彩
    入迷　谜语　文章　波纹
    如何　荷花　样式　考试
    互相　车厢　分数　纠纷
    至于　细致　皮球　疲劳

13. bó　zī　hào　yàn　xiè　jīng
    博　孜　好　厌　懈　精
    zhì　jù　qǐn　jié　qiè　tà
    致　聚　寝　竭　锲　踏

14. jiāo　jiào　jiàng　xiáng
    教书　教室　降落　投降
    juàn　quān
    羊圈　圆圈
    fèng　féng　pián　biàn
    石缝　缝补　便宜　方便
    zhòng　chóng
    重要　重新

15. suàn　jiāo　cōng　jiāng　yáo
    蒜　椒　葱　姜　肴
    yán　cù　bàn　là　jiàng
    盐　醋　瓣　辣　酱

16. 按音序排列的顺序是凹、鼎、精、肃、小、真；

按笔画数从小到大依次是小、凹、肃、真、鼎、精。

17. ā ài ān dà dài dàn dì
啊 爱 安 大 带 蛋 地
dú dùn
读 顿
kǎ kāi kàn kù kùn ná nǎi
卡 开 看 裤 困 拿 奶
nán nǐ nǔ
难 你 努

18. dǎo yì jì duàn
引导 差异 继续 断开
lǚ xuán
旅游 旋转
hěn láng kē liào
凶狠 恶狼 科学 照料
guī jiù
归来 破旧
zài jié duān ruì
运载 截断 端正 瑞士

19. suì zhāng mī yuán
遂 獐 猕 猿
wán qiào juān náo
顽 窍 镌 挠

20. 召集 商议 允诺 隆重
胆怯 推辞 诸位 妒忌
推却 延迟 调度 擂鼓
呐喊 支援 完璧归赵
攻无不克 负荆请罪 同心协力 自有妙用 神机妙算

21. 限期 吓唬 诡计 霹雳
酥软 灵通 迸裂 避暑
楷书 造化 家当 顽劣
踉踉跄跄 喜不自胜 伸头缩颈 抓耳挠腮

22. fēng yōng kān chǔ
烽火 平庸 书刊 基础
shǔ zhuó
警署 灼热
fén tì jié chōng jǐng
焚烧 警惕 劫持 憧憬
jǐng fù
陷阱 束缚
tǐng
铤而走险

23. sǒu dāng zhàn bān dōng zhí
擞 裆 绽 扳 咚 侄
tán jiē liǎn xí sāo xié
痰 皆 敛 媳 骚 携

24. 破绽 咕咚 穿梭 辉煌
风骚 打量 标致 豆浆
师傅 包袱 手疾眼快 精神抖擞 膀大腰粗

25. 透亮 清爽 衔接 搜索
威严 露馅 发怔 魔力 通融 刻薄 武断 窘境 撺跑
雅致 考究 半信半疑 兴致勃勃 妙不可言

26. lán chì pèi shuò jù mǎng
斓 炽 沛 硕 炬 蟒
shèn wàng
渗 旺
líng shǔ ráng hàn guǎng gōu
聆 薯 瓤 悍 犷 篝

27. 宇宙 真切 脊梁 小艇
船艄 船舱 保姆 祷告
华表 停泊 莞尔一笑 花团锦簇 姹紫嫣红 应接不暇

耐人寻味 操纵自如

28. 悠闲 松弛 按摩 尴尬
气愤 蟒蛇 感染 陶醉
斑斓 炽热 湛蓝 充沛
硕大 渗透 聆听 强悍
粗犷 篝火 熟视无睹 冲
锋陷阵 翩翩起舞 繁花
似锦 彬彬有礼 目不暇接

29. 杰出 修筑 施工 阻挠
轰动 艰巨 毅然 勉励 恶
劣 岔道 真挚 避免 朦
胧 凄凉 强烈 悬崖峭
壁 惹人讥笑 可见一斑

30. 勘测 调节 沉闷 分享
抚养 纯洁 热烈 刚劲
领略 复苏 先驱 惊叹
碧空如洗 波涛起伏 百折
不挠 牙牙学语

31. ①学校有"金、倪、王、张、孙、胡、费、曹"几位老师，按音序表中的顺序排列，排在最前的应是曹老师，排在最后的是张老师，排在第五位的是倪老师。

②在"折磨"、"磨平"、"磨盘"这三个词语中，"磨"的读音依次是 mó、mó、mò。

③在"裹上"、"嚼着"、"情谊"、"摔跤"、"钳子"这些词语中，读轻声的词语是嚼着、钳子。

32. C
33. C
34. (4)
35. (1) × (2) × (3) ×
(4) √

36. 排在最前面的应该是白老师，排在最后面的应该是张老师。

37. 1.啊 2.哦 3.咦 4.哎 5.哼

38. 1. 小河里的水（哗哗）地流着，欢快地奔向远方。
2. （轰隆隆）的雷声像开山炮，响个不停。
3. 清晨，小麻雀在树上（叽叽喳喳）地叫着，啄木鸟（咚咚）地敲着树干。
4. 大风（呼呼）地刮着，大雨（哗哗）地下着。
5. 夜间，池塘里的青蛙（呱呱）地叫着，好像在比赛一样。

39. (1)（跑）一趟
(2)（看）一遍
(3)（摸）一把
(4)（瞄）一眼
(5)（说）一句
(6)（走）一遭
(7)（打）一下
(8)（踹）一脚

40. (1) 好种（zhǒng）种好西瓜，西瓜留种再种（zhòng）好瓜。
(2) 这个恶（è）人真可恶（wù）。

（3）你怎么还（hái）不还（huán）我的钱？

（4）小兴安岭蕴藏（cáng）着丰富的宝藏（zàng）。

（5）明天在这里召开会（kuài）计会（huì）议。

41. 好（hǎo）读书，不好（hào）读书；好（hào）读书，不好（hǎo）读书。

　　这句话的意思有两层：一是说年轻的时候身体健康、精力充沛，可以好好读书，却不喜爱读书；等年纪大了，懂得读书的好处，想要读书却老眼昏花、体力虚弱，不能再好好读书了。另一层意思时说，家庭条件好，可以好好读书，但却贪玩不爱读书；而家境贫困的人想要读书，却没有办法好好读书。这副对联不论是哪层意思，都是劝人珍惜时光，多读书、读好书。

42. 一（yì）年　一（yì）小时
    一（yí）万　一（yí）上树
    不（bú）见　了不（bu）起
    "一"和"不"的发音规则均是：当后一个字是第一、二、三声时，读第四声（去声）；当后一个字是第四声时，读第二声（阳平）。

43. 1. 和平（hé）2. 和面（huó）
    3. 和诗（hè）4. 附和（hè）

5. 和蔼（hé）6. 和弄（huò）

44. （1）大意 dà yì：这篇文章的大意是鼓励人们不畏挫折、奋勇向前。

（2）大意 dà yi：这样简单的题目都会做错，完全是因为你太大意了。

（3）对头 duì tóu：我就觉得他今天不大对头，原来是生病了。

（4）对头 duì tou：如果没有了竞争的对头，学习也似乎少了一些乐趣。

45. ①枇杷
    ②琵琶

46. （1）①　（2）②　（3）①
    （4）①　（5）①

47. D

48. 1. 表示特殊含义需要强调
    2. 表示否定
    3. 表示否定
    4. 表示特定称谓

49. 黄河远上，白云一片，孤城万仞山。羌笛何须怨？杨柳春风，不度玉门关。

50.
　　读了后笑了，是因为这么读：儿的生活好，痛苦也没有，粮食多，病少，挣了很多钱。

　　读了后哭了，是因为这么读：儿的生活好痛苦，也没有粮食，多病，少挣了很多钱。

第二章　字与词难题

字与词是汉语中最基本的表意元素，只有认识字词、理解用意才能真正掌握汉语文化的精髓，也才能锻炼自己的语言和文字思维。

1. 你认得象形文字吗 ‖ 分数：2分

以下是一些较简单的象形文字，你知道它们都对应着哪些现在常用的简体字吗？

2. 象形字 ‖ 分数：2分

下列全是象形字的一组是（　）。
A. 蠹、苗、女、中、马
B. 虎、水、鸟、鼠、舞
C. 兀、立、晨、手、升
D. 本、看、从、星、瓜

3. 偏旁部首 ‖ 分数：2分

你能写出以"月"、"足"、"目"、"扌"为部首的字各5个吗？
"月"：＿、＿、＿、＿、＿
"足"：＿、＿、＿、＿、＿
"目"＿、＿、＿、＿、＿
"扌"＿、＿、＿、＿、＿

4. 关联词造句 ‖ 分数：2分

请用以下关联词语造句
他画的海那么蓝，那么宽。
他画的平原那么平坦，那么宽广。
＿＿＿那么＿＿＿，那么＿＿＿。

5. 拼图猜字 ‖ 分数：2分

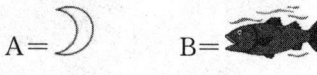

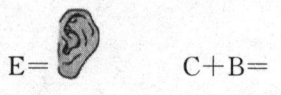

6. 组字游戏　　‖分数：2分

以下这些独体字都能组成哪些新字呢？你能把它们全部找出来吗？

王 禾 木 门 虫 又
口 朱 木 下 寸 里

7. 巧组字　　‖分数：2分

把下列每组中的8个字，分别组成4个字写在括号里。

1. 月 巳 京 夸 弓 足 示 古
（　　　　　　　）
2. 言 大 禽 亦 口 革 旬 力
（　　　　　　　）
3. 木 心 总 耳 窄 相 贝 分
（　　　　　　　）
4. 刑 米 土 大 女 尸 寸 由
（　　　　　　　）

8. 组词游戏　　‖分数：2分

下面有9个字，你能用它们组成多少个词语呢？

大　空　军
天　生　上
海　气　学

9. 巧组形声字　　‖分数：2分

用下面的字分别做形旁和声旁，各组成一个字。

马（　）（　）父（　）（　）
木（　）（　）音（　）（　）

10. 按要求写字　　‖分数：2分

左形右声（4个）：
右形左声（4个）：
上形下声（4个）：

下形上声（4个）：
外形内声（4个）：
内形外声（4个）：

11. 组词变成语　‖分数：2分

先将字组成词，再将词拆开组成成语。

例子：锤　锤炼　千锤百炼
（1）学　　　（2）语
（3）天

12. 组成成语　‖分数：2分

用"一、人、马、天、去、行、扫、而、步、定、空、鸣、胜、登、惊、楼"这几个字组成6个成语，字可以重复使用。

13. 巧变字形　‖分数：2分

有水把茶泡，有饭能吃饱。
有足快快跑，有手轻轻抱。
有衣穿长袍，有火放鞭炮。

以上的6个句子中各有6个以不同的部首同"包"组成的字。这样的组合方式，你还能找到其他哪些字呢？

14. 先拼字后组词　‖分数：2分

月　月　女　厂　比　父　加　敬
夫　旦　生　则　十　斤　马　言

请用上面16个字组成8个新字，并为每个新字组词。注意每个字只能使用一次。

15. 有趣的颠倒词　‖分数：2分

奶牛　牛奶　　图画　画图
蜜蜂　蜂蜜　　牙刷　刷牙
水池　池水　　山上　上山

以上的词语都是可以颠倒的，

像这样的词你还能再说出5个吗?

16. 填汉字　　∥分数：2分

请为下面注音处填上正确的汉字。

日月星(chén　)，风云雷电，山川树木，花鸟虫鱼……大自然是一(fú　)多(zī　)多彩的画卷，是一本读不完的"书"。走进大自然，你一定会得到许多乐趣，发现许多(mì　)密。

17. 汉字组词　　∥分数：2分

请为下面汉字各组一个两字词语，如例子。

耍（玩耍）　　杂（　　）
推（　　）　　要（　　）
朵（　　）　　准（　　）
峰（　　）　　郊（　　）
诚（　　）　　蜂（　　）
胶（　　）　　城（　　）
纪（　　）　　究（　　）
记（　　）　　穷（　　）

18. 巧填词　　∥分数：2分

请在括号中填上适当的词语。

光彩夺目的（　　　　）
清澈见底的（　　　　）
弯弯曲曲地（　　　　）
和颜悦色地（　　　　）
鲜花开得（　　　　）
时间过得（　　　　）

19. 特殊的风　　∥分数：2分

在括号里填上合适的字，表示自然界的一种特殊的风，要求不得重复。

（　）风习习　（　）风刺骨　风大雨（　）　风残月
（　）风凛冽　（　）风骤雨（　）
风徐来（　）　风细雨

20. 一字多义（一）　‖分数：2分

海水有深有浅。

夜深了，老师还在工作。

他收到远方同学的一封信。

密密层层的枝叶把森林封得严严实实的。

从上面两组例句中，我们发现同一个字在不同句子里的意思可能会有所不同？你还能找出另外的三个多义字，并

造出含有不同字义的句子吗？

21. 一字多义（二）　‖分数：2分

1. 不光是我一朵，一池的荷花都在舞蹈。

明亮的月光，照在静静的原野上。

弟弟把零用钱都花光了。

2. 他从信封里抽出信纸，展开来读。

树木抽出了新的枝条。

赶车人把鞭子一抽，马儿就飞跑起来。

在上面两组例句中，同一个字在不同句子里的意思完全不同。你还能找出另外的三个多义字，并造出含有不同字义的句子吗？

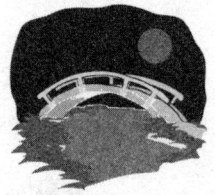

22. 相同的意思　‖分数：2分

下列句中带括号的字意思相同的一组是（　）。

A. 每逢佳节（倍）思亲

某数的几（倍）就是用几乘某数

B. 黄鹤楼送孟浩然（之）广陵

学而时习（之），不亦说乎？

C. 死去元知万事空，（但）悲不见九州同。

南宋诗人杨万里人生作诗两万多首，（但）流传下来的不多。

D. （至今）思项羽，不肯过江东。

美国古生物学家认为恐龙（至今）还在天上飞。

23. "木"字旁的字　‖分数：2分

（yú）树高，（huái）树壮，（wú）

（tóng）树叶像手掌。

石（liu）开花红似火，（guì）树

花开十里香，（sāng）树结果紫又甜。

（sōng）树四季披绿装，（zōng）树

喜暖在南方，（xiàng）树耐寒守边疆。

上文中注音的字各是一种树，而且全都是"木"字旁，你能把它们全部填出来吗？

24. "芽"的意思　‖分数：2分

"发芽"、"出发"、"蒸发"、"发扬"这4个词中的"发"字属于一字多义现象，其意思依次是（　　）。

A．产生；起程；分散；扩大
B．扩大；产生；分散；起程
C．起程；分散；扩大；产生
D．产生；扩大；起程；分散

25. 趣味语文　‖分数：2分

根据句意，在横线上填上适当的字。

说"信"

确实地相信叫确信。

非常地相信叫＿＿信。

坚决地相信叫＿＿信。

忠实地信仰叫＿＿信。

对自己怀有信心叫＿＿信。

履行自己的诺言叫＿＿信。

取得别人的信任叫＿＿信。

讲究诚实和信用叫＿＿信。

26. 修改错别字　　∥分数：2分

改词语中的错别字。

坚苦奋斗（　）　目不传睛（　）
惊慌失错（　）　情不自尽（　）
新新向荣（　）　兴国安帮（　）
个抒己见（　）　滔滔不决（　）
平易进人（　）

27. 修改错别字　　∥分数：2分

改正句子中的错别字。

（1）1938年曾经有人把1824年为北及探险队准备的一批胡罗卜罐头拿来化检。

（2）要破圣诞树了，爷爷先抽一斗烟，再汲一阵子鼻烟，还跟冻疆的小凡卡逗笑一会儿。

28. 词语搭配　　∥分数：2分

参照例句，搭配词语。

例如：改变（面貌）改善（生活）改进（工作）

1. 非常（　）特别（　）格外（　）
2. 整理（　）整顿（　）整治（　）
3. 爱惜（　）爱护（　）保护（　）
4. 热烈（　）热情（　）热心（　）
5. 歌颂（　）称赞（　）赞扬（　）

29. 选择题　　∥分数：2分

在没有错别字的一组句子后打"√"。

A．海伦不分昼夜，像一块干躁的海绵吮吸着知识的甘霖。（　）

B．在清香的碧螺春茶汤里，我看到了江南明魅的春光。（　）

C．秦兵马俑维妙维肖地模拟军阵的排列，在雕塑史上决无仅有。（　）

D. 一想到明天就要告别校园，我的心中就涌起了深深的眷恋之情。（　）

30. 词语排列　‖分数：2分

将"梅花、荷花、桃花、桂花"按一定的顺序排列，并在括号里注明排列的理由。

（1）___、___、___、___
（　　　　　　　　　　）
（2）___、___、___、___
（　　　　　　　　　　）
（3）___、___、___、___
（　　　　　　　　　　）

31. 词语排序　‖分数：2分

把下列词语按一定顺序排列。
黄昏　子夜　早上　夕阳西下　黎明　晌午

32. 词语分类　‖分数：2分

赤脚　快活　滔滔不绝　跳跃　

张口　结舌　慈祥　激动　肃立
（1）描写人物心情的（　）。
（2）描写人物动作的（　）。
（3）描写人物语言的（　）。
（4）描写人物外貌的（　）。

33. 词语结构　‖分数：2分

下列各组四个词语结构形式完全不同的一组是（　）。

A. 呼吸　拔苗助长　鸟语花香　出入

B. 谈心　叶公好龙　出水芙蓉　动静

C. 霞光　危峰兀立　凶神恶煞　噩耗

D. 规矩　春意盎然　绿草如茵　手足

34. 词语搭配　‖分数：2分

下列词语搭配全部正确的一组

是（　）。
 A. 深沉的哀悼　战争年代
    端正作风　光线强烈
 B. 深沉的夜晚　战役时候
    端正思想　疼痛猛烈
 C. 深沉的微笑　战斗时候
    端正态度　炮火剧烈
 D. 深沉的雷声　战役年代
    端正目的　竞赛激烈

35. 仿例写词语（一）　‖分数：2分

根据给出的词语特点，各仿写三个词语。
动静：_____
葡萄紫：_____
五光十色：_____

36. 仿例写词语（二）　‖分数：2分

按要求，照样词写词语。

1. 写形状　圆滚滚（　）（　）（　）
2. 写味道　香喷喷（　）（　）（　）
3. 写心情　美滋滋（　）（　）（　）
4. 写场面　静悄悄（　）（　）（　）

37. 词语修饰不当　‖分数：2分

选出词语修饰不当的一项。（　）
 A. 茫茫的大海　茫茫的草地　茫茫的云雾
 B. 浓浓的茶水　浓浓的情思　浓浓的色彩
 C. 隆隆的雨声　隆隆的鼓声　隆隆的掌声
 D 冷冷的声调　冷冷的面孔　冷冷的眼神

38. 选词填空（一） ‖ 分数：2分

夸口 夸张 夸大 夸奖 夸耀

（1）他为人谦虚，从不（　）自己，即使是受到老师的（　）也不例外。

（2）（　）的修辞手法就是将实情（　）了来叙述。

轻蔑 蔑视 轻视 歧视 小看

（3）对这种有意损害的行为他总是抱以（　）的态度，言语中充满了对这些人的（　）。

（4）你可不要（　）它，它的作用是不可（　）的。

39. 选词填空（二） ‖ 分数：2分

注意 保护 遵守 爱护 保持

（1）（　）公共秩序，（　）公共安全，（　）公共财产，（　）公共环境等都是社会公德的基本要求。

方向盘 源泉 海洋 翅膀

（2）要读有益的书，书是知识的（　），力量的（　）智慧的（　），生活的（　）。

40. 组词填空（一） ‖ 分数：2分

用"望"组词并填空。

星期天，爸爸带我去（　）生病的奶奶。路上，经过润扬大桥，我（　）蓝天，白云朵朵，（　）远处江面，沙鸥点点。来到病房，我（　）着奶奶那苍白的面容，心里难过极了。我（　）奶奶早日康复。

41. 组词填空（二） ‖ 分数：2分

根据句子的意思，用"望"字写九个词语，再填入句中括号里。（不能重复。）

①老班长（　）地跑回来，取出一根缝衣针，烧红了，变成个钓鱼钩。

②五位壮士屹立在狼牙山顶峰，

（　　）着群众和部队主力远去的方向。

③对未来，他充满了（　　）。

④家里虽穷，但他非常（　　）读书。

⑤他读书的（　　）是谁也阻止不了的。

⑥实现四个现代化，是全国人民的共同（　　）。

⑦旧社会，劳动人民的生活没有（　　）。

⑧去北海公园过队日，是我们（　　）已久的一项活动。

⑨我们要珍惜幸福的学习生活，决不辜负党对我们的（　　）。

42. "一面"之词　‖分数：2分

你知道下面的这些"一面"吗？请试着写一写。

（1）只见过一面的交情（　　）

（2）争执双方的一方所说的话（　　）

（3）只见过一面的缘分（　　）

43. 总结中心词　‖分数：2分

照样子，给下面3句话补上最能表达中心意思的词语。

例：好学深思，心知其义——（多思）

三人同行，必有我师——（　　）

书读百遍，其意自见——（　　）

拳不离手，曲不离口——（　　）

44. 以"客"组词　‖分数：2分

用"客"组成词，并填入（　　）中。

（1）地位高贵的客人（　　）

（2）素不相识的客人（　　）

（3）远道而来的客人（　　）

（4）不经常来的客人（　　）

（5）游山玩水的客人（　　）

(6) 购买东西的客人（　　）
(7) 搞政治投机的人（　　）
(8) 专门搞暗杀的人（　　）
(9) 去茶馆喝茶的人（　　）
(10) 去寺院烧香的人（　　）

45. 笑有不同　　‖分数：2分

俗话说：笑一笑，十年少。但不同的笑表达的感情不同，你了解吗？

呆呆的笑——（　　）

讨好的笑——（　　）

讽刺的笑——（　　）

会心的笑——（　　）

无可奈何的笑——（　　）

46. 用"心"组词　　‖分数：2分

例：（爱心）—献给社会

（　　）—献给祖国

（　　）—献给父母

（　　）—献给朋友

（　　）—给予敌人

（　　）—留给自己

（　　）—对待学习

47. 填字解释　　‖分数：2分

把下列词语补充完整，并解释词语意思。

（　）（　）乐道：

（　）之大吉：

兴高（　）烈：

（　）（　）不绝：

（　）空如洗：

48. 仿写词语　　‖分数：2分

仿写结构相似的成语。

例：亭台楼阁

（　　　）（　　　）

（　　　）（　　　）

(　　)(　　)
(　　)(　　)

49. 反义词与近义词 ‖ 分数：2分

(1) 写出下列词语的反义词
妥协——(　　)
激励——(　　)
陈腐——(　　)

(2) 写出下列词语的近义词
艰辛——(　　)
角逐——(　　)
感叹——(　　)
汗颜——(　　)

50. 成语近义与反义 ‖ 分数：2分

选出意思相近或相反的成语，写在括号里。

引人注目 一筹莫展 相安无事 欢天喜地 垂头丧气 坚定不移

将信将疑 举世闻名 窃窃私语 胸有成竹 想方设法 神气活现

安然无恙 交头接耳 愁眉苦脸 千方百计 海底捞针 惊弓之鸟

近义成语：
(　　)—(　　)
(　　)—(　　)
(　　)—(　　)
(　　)—(　　)

反义成语：
(　　)—(　　)
(　　)—(　　)
(　　)—(　　)
(　　)—(　　)

答案部分：

第二章　字与词难题

1. 口、耳、目、羊、鸟、兔、日、月、火、木、禾、竹

2. A

3. 肚、胸、腰、胳、膀。
   跑、跳、蹲、趴、路。
   眼、睛、眨、睁、睡。
   抄、打、把、拔、摇。

4. 中国的万里长城是那么雄伟，那么壮丽。

5. C＋B＝鲁　C＋E＝阳

6. 闻、呈、珠、琳、理、和、程、闲、权、呆、杏、株、林、村、闽、问、虾、虽、蛛、叹、吓、叶、哩、困、啉

7. 1. 跨　弭　祀　胡
   2. 询　囡　嚼　勒
   3. 榨　聪　想　贫
   4. 型　类　妯　寺

8. 大海、大气、大学、空军、空气、天空、海军、海上、上学、上天、学生

9. 马（骠）（妈）　父（爷）（爸）
   木（机）（沐）　音（暗）（意）

10. 左形右声：松、理、种、伙、转
    右形左声：期、救、视、鹂、致
    上形下声：茅、空、简、芳、菲
    下形上声：基、姿、筑、想、紫
    外形内声：园、间、闺、阁、廊
    内形外声：闻、闷、问、闵、床

11. (1) 学　学士　饱学之士
    (2) 语　言语　千言万语
    (3) 天　天地　铺天盖地

12. 1. 一鸣惊人
    2. 天马行空
    3. 一步登天
    4. 人定胜天
    5. 人去楼空
    6. 一扫而空

13. 少：抄、炒、吵、钞、沙、纱
    仑：论、轮、伦、抡、沦、纶
    仓：创、苍、舱、沧、伧、疮

14. 肤，皮肤。胆，胆量。姓，姓名。厕，厕所。
    毕，毕业。斧，斧头。驾，驾驶。警，警察。

15. 喜欢—欢喜，油菜—菜油，彩色—色彩，画笔—笔画，云彩—彩云，等等。

16. 辰，幅，姿，秘。

17. 玩耍、需要 杂技、花朵 推荐、准备、山峰、蜂蜜 郊外、胶水 诚实、城市 纪念、记录、研究、贫穷

18. 光彩夺目的宝石
清澈见底的小溪
弯弯曲曲地流淌
和颜悦色地诉说
鲜花开得美丽
时间过得飞快

19. （微）风习习　（寒）风刺骨
（狂）风大雨　（晓）风残月
（北）风凛冽　（暴）风骤雨
（清）风徐来　（和）风细雨

20. "假"：假如我是一只雄鹰，一定会展翅翱翔。
周末放假，小伙伴们一起去公园玩耍，高兴极了。
"生"：天气变凉了，同学们要注意身体不要生病。
大家都夸他是一名爱学习的好学生。
"花"：小智花了很多时间和精力，终于做出了漂亮的飞机模型。
春天来了，花园的花朵都开放了，特别漂亮。

21. "打"：朋友之间应该团结友爱，不能打架。
小亮长大了，已经学会去帮妈妈打酱油了。
他学习到深夜，终于忍不住打了个哈欠。
"当"：他看着妈妈难过的表情，开始后悔自己当初没有足够努力。
这次选举她终于当选了学生会主席。
取得了这么好的成绩，心里当然非常高兴。
"对"：出门前，他对着镜子理了理头发。
他总认为自己是对的，一点也不虚心，终于吃了苦头。
这只笔尖似乎歪了，写起字来总是有点不对劲。

22. D

23. 榆 槐 梧 桐 榴 桂 桑 松 棕 橡

24. A

25. 深信　坚信　笃信　自信
守信　取信　诚信

26. 艰苦奋斗　目不转睛
惊慌失措　情不自禁
欣欣向荣　兴国安邦
各抒己见　滔滔不绝
平易近人

27.（1）1938年曾经有人把1824年为北极探险队准备的一批胡萝卜罐头拿来化验。
（2）要砍圣诞树了，爷爷先抽一斗烟，再吸一阵子鼻烟，还

跟冻僵的小凡卡逗笑一会儿。

28. 1. 非常（高兴）特别（美丽）格外（开心）
    2. 整理（房间）整顿（纪律）整治（河道）
    3. 爱惜（粮食）爱护（动物）保护（环境）
    4. 热烈（欢迎）热情（招待）热心（帮助）
    5. 歌颂（生命）称赞（他人）赞扬（美德）

29. A. 干燥　B. 明媚
    C. 惟妙惟肖、绝无仅有
    D. （√）

30. (1) 桃花、荷花、桂花、梅花（按春夏秋冬四季排列）
    (2) 桂花、荷花、梅花、桃花（按首字音序排列）
    (3) 桂花、梅花、桃花、荷花（按常见品种花朵从小到大排列）

31. 子夜　黎明　早上　晌午　夕阳西下　黄昏

32. (1) 描写人物心情的（快活，激动）。
    (2) 描写人物动作的（跳跃，赤脚）。
    (3) 描写人物语言的（张口结舌，滔滔不绝）。
    (4) 描写人物外貌的（慈祥，肃立）。

33. A

34. A

35. 开关、兄弟、东西、轻重……
    柠檬黄、西瓜红、苹果绿、湖蓝……
    一举两得、四平八稳、千奇百怪、五颜六色……

36. 1. 写形状：圆溜溜、皱巴巴、胖乎乎、肉墩墩、瘦巴巴
    2. 写味道：香喷喷、臭烘烘、甜蜜蜜、酸溜溜、油腻腻
    3. 写心情：怯生生、喜盈盈、笑呵呵、喜洋洋、喜冲冲、兴冲冲、乐悠悠、乐陶陶
    4. 写场面：乱糟糟、静悄悄、雾蒙蒙、阴森森、闹哄哄、空荡荡、脏兮兮

37. C

38. (1) 夸耀　夸奖
    (2) 夸张　夸大
    (3) 轻蔑　蔑视
    (4) 小看　轻视

39. (1) 遵守, 保持, 爱护, 遵守
    (2) 源泉, 翅膀, 海洋, 方向盘

40. 星期天,爸爸带我去(探望)生病的奶奶。路上,经过润扬大桥,我(仰望)蓝天,白云朵朵,(眺望)远处江面,沙鸥点点。来到病房,我(凝望)着奶奶那苍白的面容,心里难过极了。我(盼望)奶奶早日康复。

41. ①喜出望外 ②眺望 ③希望 ④渴望 ⑤欲望 ⑥愿望 ⑦指望 ⑧盼望 ⑨期望。

42. (1) 一面之交 (2) 一面之词 (3) 一面之缘

43. 三人同行,必有我师
　　　　　　　——(多问)
　　书读百遍,其意自见
　　　　　　　——(多读)
　　拳不离手,曲不离口
　　　　　　　——(多练)

44. (1) 贵客 (2) 生客 (3) 远客 (4) 稀客 (5) 游客 (6) 顾客 (7) 政客 (8) 刺客 (9) 茶客 (10) 香客

45. 呆呆的笑——(傻笑)
　　讨好的笑——(媚笑)
　　讽刺的笑——(讥笑)
　　会心的笑——(微笑)
　　无可奈何的笑——(苦笑)

46. (忠心)—献给祖国
　　(孝心)—献给父母
　　(真心)—献给朋友
　　(狠心)—给予敌人
　　(信心)—留给自己
　　(专心)—对待学习

47. 津津乐道:很有兴趣地说个不停。

　　溜之大吉:偷偷地跑掉为妙。
　　兴高采烈:兴致高,精神饱满。
　　滔滔不绝:指话很多,说起来没个完。
　　碧空如洗:蓝色的天空明净得像洗过一样。形容天气晴朗。

48. 琴棋书画、花鸟鱼虫、江河湖海、琴瑟琵琶

49. (1) 妥协——(坚持)
　　　激励——(打击)
　　　陈腐——(新颖)
　　(2) 艰辛——(艰难)
　　　角逐——(较量)
　　　感叹——(感慨)
　　　汗颜——(惭愧)

50. 近义成语:
　　(引人注目)——(举世闻名)
　　(一筹莫展)——(愁眉苦脸)
　　(想方设法)——(千方百计)
　　(窃窃私语)——(交头接耳)
　　反义成语:
　　(欢天喜地)——(愁眉苦脸)
　　(坚定不移)——(将信将疑)
　　(安然无恙)——(一筹莫展)
　　(垂头丧气)——(神气活现)

第三章　诗词记忆

诗词以抒情的方式，高度凝练、集中地反映社会生活，用丰富的想象、富有节奏感、韵律美的语言和分行排列的形式来抒发思想情感。

1. **诗歌补完整** 小池 ‖分数：2分

以下的诗歌缺少第三句，请把它补充完整。

小池
杨万里

泉眼无声惜细流，
树阴照水爱晴柔。
_____
早有蜻蜓立上头。

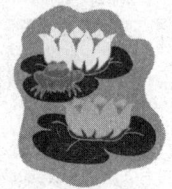

2. **诗歌补完整** 绝句 ‖分数：2分

这首诗的作者是唐代的一位大诗人，常被人们称为"诗圣"，你知道他是谁吗？

请先把诗歌补充完整，再填上作者的名字。

绝 句
_____

两个_____鸣翠柳，
一行_____上青天。
窗含_____千秋雪，
门泊_____万里船。

3. **按拼音填诗歌** 望庐山瀑布
‖分数：2分

请将诗歌中注音的字填在括号中。

望庐山瀑布
李白

日照香（lú）生紫烟，
遥看（pù）布挂前川。
飞流（zhí）下三千尺，
（yí）是银河落九天。

4. **诗歌补完整** 九月九日忆山东兄弟 ‖分数：2分

请将诗歌中缺少的部分补充完整。

九月九日忆山东兄弟
王维

独在异乡为异客，
_____。
遥知兄弟登高处，
_____。

5. 诗歌补完整　望天门山
分数：2分

这首诗的作者是唐代的一位大诗人，常被人们称为"诗仙"，你知道他是谁吗？

请先把诗歌补充完整，再填上作者的名字。

望天门山
天门中断_____开，
_____东流至此回。
两岸_____相对出，
_____一片日边来。

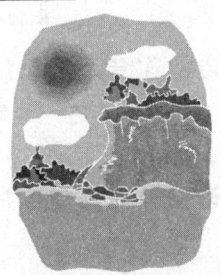

6. 诗词名句（一）　分数：2分

请将下面的诗词名句补充完整，并同正确的作者连线。

明月松间照，_____。　杜牧
江碧__逾白，山青__欲燃。
陆游
千里莺啼__,水村山郭__。王维
山重水复疑无路，_____。
　　　　　　　　　　　王安石
水南水北重重__，山后山前处_____。杜甫

7. 按拼音填诗歌　饮湖上初晴后雨
分数：2分

请将诗歌中注音的字填在括号中。

饮湖上初晴后雨
苏轼

水光（liàn）（yàn）晴方好，
山色（kōng）（méng）雨亦奇。
欲把西湖比西子，
淡（zhuāng）浓（mǒ）总相宜。

8. 诗歌补充完整　游子吟
分数：2分

请将下面的诗歌补充完整，并填上作者的名字。

游子吟

_____
慈母手中线，
_____。
临行密密缝，
_____。
谁言寸草心，
_____。

9. 诗歌补完整 乞巧 ‖分数：2分

请将诗歌补充完整。

乞巧

林 杰

七夕今宵看碧霄，
＿＿＿＿渡河桥。
家家乞巧望＿＿，
穿尽红丝几万条。

10. 诗歌补完整 嫦娥 ‖分数：2分

请将诗歌补充完整。

嫦娥

李商隐

云母屏风烛影深，长河渐落＿＿＿＿。
嫦娥应悔偷灵药，碧海青天＿＿＿＿。

11. 诗词名句（二） ‖分数：2分

请将下面的诗词名句补充完整，并同正确的作者连线。

万壑树参天，＿＿＿＿。王建
漠漠水田飞＿＿，阴阴夏木啭＿＿。杜甫
雨里鸡鸣＿＿＿＿，竹溪村路＿＿＿＿。王维
穿花＿＿深深见，点水＿＿款款飞。晏殊
池上＿＿三四点，叶底＿＿一两声。王维

12. 诗歌补完整 题西林壁 ‖分数：2分

这首诗的作者是宋代的一位著名文学家，"三苏"之一，你知道他是谁吗？

请将诗歌补充完整，并填上作者的名字。

题西林壁

＿＿＿＿

横看成岭侧成峰，
＿＿＿＿＿各不同。
不识庐山真面目，
＿＿＿＿＿此山中。

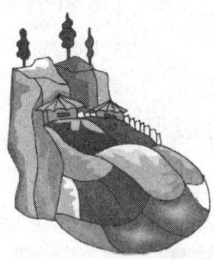

第三章 诗词记忆

13. 按拼音填诗歌 游山西村
∥分数：2分

请将诗歌中注音的字填在括号中。

游山西村

陆游

莫笑农家腊酒（hún　），

丰年留客足鸡（tún　）。

山重水复（yí　）无路，

（liǔ　）暗花明又一村。

14. 诗歌中的名景 黄鹤楼送孟浩然之广陵
∥分数：2分

下面诗歌描写了诗人于黄鹤楼送别老朋友的依依惜别之情，请将横线处的名景、地名补充完整。

黄鹤楼送孟浩然之广陵

李白

故人西辞_____，

烟花三月下____。

孤帆远影碧空尽，

唯见____天际流。

15. 诗歌中的地名 送元二使安西
∥分数：2分

诗歌描写了诗人送别古人时的离别之情，请将横线处的地名补充完整。

送元二使安西

王维

____朝雨浥轻尘，

客舍青青柳色新。

劝君更尽一杯酒，

西出____无故人。

16. 按拼音填诗歌 过故人庄
∥分数：2分

请在下面诗歌中的注音处填上正确的汉字。

过故人庄

孟浩然

故人具鸡（shǔ　），邀我至田家。

绿树村边合,青山(guō)外斜。
开(xuān)面场(pǔ),把酒话桑麻。
(dài)到重阳日,还来就菊花。

17. 诗词名句（三） ‖分数：2分

请将下面的诗词名句补充完整,并同正确的作者连线。

海内存知己,_____。   汪洙

海上生明月,_____。
                          无名氏
久旱逢甘雨,_____。
                          邢俊臣
岁寒知松柏,_____。   王勃

千里送鹅毛,_____。
                          张九龄

18. 诗歌补完整　乡村四月
‖分数：2分

请将诗歌补充完整。

乡村四月

翁卷

绿遍山原白满___,
子规声里雨如___。
乡村___闲人少,
才了___又插田。

19. 诗歌补完整　四时田园杂兴
‖分数：2分

请将诗歌补充完整。

四时田园杂兴

范成大

昼出耕田_____,
村庄儿女各当家。
童孙未解_____,
也傍桑阴学种瓜。

20. 按拼音填诗歌　渔歌子
‖分数：2分

请将诗歌中注音的字填在括号中。

渔歌子

张志和

西（sài　）山前白鹭飞，

桃花流水（guì　）鱼肥。

青（ruò　）笠，绿（suō　）衣，

斜风细雨不须归。

21. 诗歌补完整 泊船瓜洲

‖分数：2分

请将诗歌补充完整。

泊船瓜洲

王安石

京口瓜洲一水间，

钟山只隔数重山。

____又绿江南岸，

____何时照我还。

22. 诗歌补完整 秋思 ‖分数：2分

诗歌中的横线处是两处地名，请将它们补充完整。

秋 思

[唐]张籍

____城里见秋风，

欲作家书意万重。

复恐匆匆说不尽，

行人临发又____。

23. 诗词名句（四） ‖分数：2分

请将下面的诗词名句补充完整，并同正确的作者连线。

大漠孤___直，长河落___圆。

　　　　　　　　　　辛弃疾

几行红叶___，无数夕阳___。

　　　　　　　　　　张若虚

落木千山___远大，澄江一道___分明。

　　　　　　　　　　王士祯

浮天水送无穷___，带雨云埋一半___。

　　　　　　　　　　王维

春江___连海平，海上___共潮生。

　　　　　　　　　　黄庭坚

24. 按拼音填诗歌　长相思

‖分数：2分

请将下面注音处的汉字补充完整。

长相思

[清] 纳兰性德

山一程，水一程，身向（yú）关那畔行，夜深千帐灯。风一更，雪一更，（guō）碎乡心梦不成，故园无此声。

25. 歌补完整　长征　‖分数：2分

这是中国一位伟人的著名诗作，你能将它补充完整，并写出作者的名字吗？

七律·长征

_____

红军不怕远征难，万水千山_____。
五岭逶迤腾细浪，乌蒙_____走泥丸。
金沙水拍云崖暖，_____横铁索寒。
更喜岷山千里雪，_____尽开颜。

26. 诗词补完整　卜算子·咏梅

‖分数：2分

这是毛泽东填写的一首词，你能将空白的地方补充完整吗？

卜算子·咏梅

毛泽东

风雨送春归，_____。
已是悬崖___，犹有花枝俏。
俏也不争春，_____。
待到山花___，她在丛中笑。

27. 诗歌补完整　浪淘沙

‖分数：2分

请将诗歌补充完整。

浪淘沙

[唐] 刘禹锡

九曲黄河万里沙，
_____自天涯。
如今直上_____，
同到牵牛织女家。

28. 诗歌补完整 牧童 ‖分数：2分

请将诗歌补充完整。

牧 童

[唐] 吕岩

草铺横野六七里，

笛弄晚风_____。

归来饱饭黄昏后，

不脱蓑衣___

29. 按拼音填诗歌 舟过安仁

‖分数：2分

请在下面诗歌中的注音处填上正确的汉字。

舟过安仁

[宋] 杨万里

一叶渔船两小童，

收(gāo)停(zhào)坐船中。

怪生无雨都张伞，

zhē
不是( )头是使风。

30. 诗词名句（五） ‖分数：2分

请将下面的诗词名句补充完整，并同正确的作者连线。

采菊东篱下，_____。

陶渊明

人闲桂花___，夜静春山___。

王维

竹外桃花三两枝，_____。

苏轼

黄梅时节家家___，青草池塘处处___。

赵师秀

鹅湖山下___肥，豚栅鸡栖___扉。

王驾

独出门望前___，月明___花如雪。

白居易

31. 补充诗句（一）　‖ 分数：2分

1. （　　　　），后不见来者。
2. （　　　　），悠然见南山。
3. （　　　　），燕山月似钩。
4. （　　　　），只是近黄昏。
5. （　　　　），一览众山小。
6. 明月几时有，（　　　　）。
7. 随风潜入夜，（　　　　）。
8. 生当作人杰，（　　　　）。
9. 海内存知己，（　　　　）。
10. 少壮不努力，（　　　　）。

32. 补充诗句（二）　‖ 分数：2分

11. 本是同根生，（　　　　）。
12. 谁知盘中餐，（　　　　）。
13. 野火烧不尽，（　　　　）。
14. 谁言寸草心，（　　　　）。
15. 青山遮不住，（　　　　）。
16. 欲穷千里目，（　　　　）。
17. 但愿人长久，（　　　　）。
18. 十指不沾泥，（　　　　）。
19. 国破山河在，（　　　　）。
20. 百川东到海，（　　　　）。

33. 补充诗句（三）　‖ 分数：2分

21. 感时花溅泪，（　　　　）。
22. 大江东去，（　　　　）。
23. 人有悲欢离合，（　　　　）。
24. 山重水复疑无路，（　　　　）。
25. 春花秋月何时了，（　　　　）！
26. 问君能有几多愁？（　　　　）。
27. 黄沙百战穿金甲，（　　　　）。
28. 劝君更尽一杯酒，（　　　　）。
29. 粉身碎骨全不怕，（　　　　）。
30. 南朝四百八十寺，（　　　　）。

34. 补充诗句（四）　‖ 分数：2分

31. 独在异乡为异客，（　　　　）。
32. 桃花潭水深千尺，（　　　　）。
33. 不知细叶谁裁出，（　　　　）。
34. 莫愁前路无知己，（　　　　）。
35. 天苍苍，野茫茫，（　　　　）。
36. 青箬笠，绿蓑衣，（　　　　）。
37. 横看成岭侧成峰，（　　　　）。
38. 毕竟西湖六月中，（　　　　）。
39. 等闲识得东风面，（　　　　）。
40. 遗民泪尽胡尘里，（　　　　）。

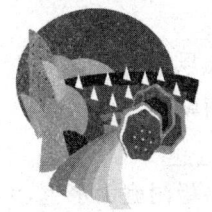

35. 补充诗句（五） ‖ 分数：2 分

41. 问渠那得清如许，
（　　　　　）。

42. 竹外桃花三两枝，
（　　　　　）。

43. 欲把西湖比西子，
（　　　　　）。

44. 东边日出西边雨，
（　　　　　）。

45. 路人借问遥招手，
（　　　　　）。

46. 洛阳亲友如相问，
（　　　　　）。

47. 绿阴不减来时路，
（　　　　　）。

48. 蒌蒿满地芦芽短，
（　　　　　）。

49. （　　　　　），
人间能有几回闻。

50. （　　　　　），
西湖歌舞几时休。

36. 补充诗句（六） ‖ 分数：2 分

51. （　　　　　），
巴山夜雨涨秋池。

52. （　　　　　），
八千里路云和月。

53. （　　　　　），
留取丹心照汗青。

54. （　　　　　），
一枝红杏出墙来。

55. （　　　　　），
立根原在破岩中。

56. （　　　　　），
路上行人欲断魂。

57. （　　　　　），
一行白鹭上青天。

58. （　　　　　），
只缘身在此山中。

59. （　　　　　），
烟花三月下扬州。

60. （　　　　　），
早有蜻蜓立上头。

37. 补充诗句（七）　分数：2分

61. （　　　　　　），
　　西出阳关无故人。
62. （　　　　　　），
　　欲饮琵琶马上催。
63. （　　　　　　），
　　不教胡马度阴山。
64. （　　　　　　），
　　疑是银河落九天。
65. （　　　　　　），
　　五千仞岳上摩天。
66. （　　　　　　），
　　飞入菜花无处寻。
67. （　　　　　　），
　　春风送暖入屠苏。
68. （　　　　　　），
　　隔江犹唱后庭花。
69. （　　　　　　），
　　独怆然而涕下。
70. 古道西风瘦马，夕阳西下，
　　（　　　　　　）。

38. 古诗填句　分数：2分

填写下列古诗和古文句子的上句或下句。

1. 随风潜入夜，_____
2. 南朝四百八十寺，_____
3. 遥望洞庭山水色，_____
4. 世人若被明月累，_____
5. 老吾老以及人之老，_____
6. _____，风雪夜归人。
7. _____，是非经过不知难。
8. _____，天下谁人不识君。
9. _____，映日荷花别样红。
10. _____，朋友相处心连心。

39. 巧对诗句　分数：2分

请与古人对诗句。

1. 东边日出西边雨，
　（　　　　　　）。
2. （　　　　　　），
　飞入寻常百姓家。

3. 九曲黄河万里沙，
   （　　　　　）。
4. （　　　　　），
   人迹板桥霜。
5. 童孙未解供耕织，
   （　　　　　）。
6. 我劝天公重抖擞，
   （　　　　　）。
7. （　　　　　），
   没在石棱中。
8. （　　　　　），
   北风吹雁雪纷纷。
9. （　　　　　），
   树阴照水爱晴柔。
10. 春潮带雨晚来急，
    （　　　　　）。

40. 填古诗词　　∥分数：2分
(1) 出门东向看，_____。
(2) 天地本无心，_____。
(3) _____，燕山月似沟。
(4) 些小吾曹州县吏，_____。

41. 填诗词　　∥分数：2分
(1) 三更灯火五更鸡，_____。
(2) 及时当勉励，_____。
(3) _____，一日难再晨。

42. 诗歌填空　　∥分数：2分
在横线上填鸟或花的名字。
(1) 可堪孤馆闭春寒，____声里斜阳暮。
(2) 旧时王谢堂前___，飞入寻常百姓家。
(3) 燕子不归春事晚，一汀烟雨____寒。
(4) 待到重阳日____，还来就_____。
(5) 纵然一夜风吹去，只在浅水边____。
(6) 零落____过残腊，故园归去又新年。

43. 诗词填字　清平乐·村居
　　　　　　　　∥分数：2分
请在下面诗词中的注音处填上正确的汉字。

清平乐·村居

[宋] 辛弃疾

茅（yán　）低小，溪上青青草。醉里吴音相（mèi　）好，白发谁家翁（ǎo　）？大儿（chú　）豆溪东，中儿正织鸡笼。最喜小儿无赖，溪头卧（bāo　）莲蓬。

44. 诗词名句（六）　‖分数：2分

请将下面的诗词名句同正确的作者连线。

落红不是无情物，化作春泥更护花。	李白
造物无言却有情，每于寒尽觉春生。	陈与义
今夜偏知春气暖，虫声新透绿窗纱。	元稹
此夜曲中闻折柳，何人不起故园情。	张维屏
卧看满天云不动，不知云与我俱东。	刘方平
不是花中偏爱菊，此花开尽更无花。	龚自珍

45. 诗词表格　‖分数：2分

请将下列表格补充完整。

作者	朝代	题目	名句
白居易	唐	《忆江南》	
王冕	明	《墨梅》	
于谦	明	《石灰吟》	
苏轼		《水调歌头》	但愿人长久，千里共婵娟
	唐	《望岳》	会当凌绝顶，一览众山小
文天祥	宋		人生自古谁无死，留取丹心照汗青

46. 以诗明理　‖分数：2分

有时候，有些人对自己所处的环境、正在做的事反而不及旁人看得清楚，这就是人们常说的"当局者迷，旁观者清"。

宋代大诗人_____在《_____》中的诗句_____，_____。说明了这个朴素而深刻的道理。

第三章 诗词记忆

47. 以诗赞景　‖分数：2分

人们常用"黄河之水天上来，奔流到海不复回"来赞美黄河的气势。你也能借用古人的诗句来赞美下面的名山、名水、名城、名胜吗？

(1) 泰山：

(2) 长江：

(3) 苏州、杭州：

(4) 西湖：

48. "山""雨"之诗　‖分数：2分

(1) 写出两句含有"雨"字的古诗词。

(2) 写出两句带有"山"字的古诗词。

49. 四季之诗　‖分数：2分

请根据下列要求，按春、夏、秋、冬各写一句古诗。

春：

夏：

秋：

冬：

50. 按作者写诗题　‖分数：2分

请将下列诗人的诗作各写出一首。

(1) 李白的诗有：

(2) 王维的诗有：

(3) 杜甫的诗有：

(4) 陆游的诗有：

(5) 苏轼的诗有：

(6) 白居易的诗有：

答案部分：

第三章 诗词记忆

1.
小池
杨万里
泉眼无声惜细流，
树阴照水爱晴柔。
小荷才露尖尖角，
早有蜻蜓立上头。

2.
绝句
杜甫
两个黄鹂鸣翠柳，
一行白鹭上青天。
窗含西岭千秋雪，
门泊东吴万里船。

3. 炉，瀑，直，疑。

4. 独在异乡为异客，
每逢佳节倍思亲。
遥知兄弟登高处，
遍插茱萸少一人。

5.
望天门山
李白
天门中断楚江开，
碧水东流至此回。
两岸青山相对出，
孤帆一片日边来。

6. 明月松间照，清泉石上流。——王维
江碧鸟逾白，山青花欲燃。——杜甫
千里莺啼绿映红，水村山郭酒旗风。——杜牧
山重水复疑无路，柳暗花明又一村。——陆游
水南水北重重柳，山后山前处处梅。——王安石

7. 潋，滟，空，蒙，妆，抹。

8.
游子吟
孟郊
慈母手中线，游子身上衣。
临行密密缝，意恐迟迟归。
谁言寸草心，报得三春晖。

9. 七夕今宵看碧霄，
牵牛织女渡河桥。
家家乞巧望秋月，

穿尽红丝几万条。

10.
云母屏风烛影深，
长河渐落晓星沉。
嫦娥应悔偷灵药，
碧海青天夜夜心。

11.
万壑树参天，千山响杜鹃。——王维
漠漠水田飞白鹭，阴阴夏木啭黄鹂。——王维
雨里鸡鸣一两家，竹溪村路板桥斜。——王建
穿花蛱蝶深深见，点水蜻蜓款款飞。——杜甫
池上碧苔三四点，叶底黄鹂一两声。——晏殊

12.

题西林壁
苏轼
横看成岭侧成峰，
远近高低各不同。
不识庐山真面目，
只缘身在此山中。

13. 浑 豚 疑 柳
14. 黄鹤楼 扬州 长江
15. 渭城 阳关
16. 黍 guō xuān pǔ dài
    郭 轩 圃 待
17.
海内存知己，天涯若比邻。——王勃
海上生明月，天涯共此时。——张九龄
久旱逢甘雨，他乡遇故知。——汪洙
岁寒知松柏，患难见真情。——无名氏
千里送鹅毛，礼轻情义重。——邢俊臣

18. 绿遍山原白满川，
    子规声里雨如烟。
    乡村四月闲人少，
    才了蚕桑又插田。

19. 昼出耕田夜绩麻，
    村庄儿女各当家。
    童孙未解供耕织，
    也傍桑阴学种瓜。

20. sài guì ruò suō
    塞 鳜 箬 蓑

21. 京口瓜洲一水间，
    钟山只隔数重山。
    春风又绿江南岸，
    明月何时照我还。

22. 洛阳 开封

23.
大漠孤烟直，长河落日圆。——王维
几行红叶树，无数夕阳山。——王士禛
落木千山天远大，澄江一道月分明。——黄庭坚
浮天水送无穷树，带雨云埋一半山。——辛弃疾

春江潮水连海平，海上明月共潮生。——张若虚

24. 榆 舐

25.
七律·长征
毛泽东
红军不怕远征难，
万水千山只等闲。
五岭逶迤腾细浪，
乌蒙磅礴走泥丸。
金沙水拍云崖暖，
大渡桥横铁索寒。
更喜岷山千里雪，
三军过后尽开颜。

26. 风雨送春归，飞雪迎春到。
已是悬崖百丈冰，犹有花枝俏。
俏也不争春，只把春来报。
待到山花烂漫时，她在丛中笑。

27. 九曲黄河万里沙，
浪淘风簸自天涯。
如今直上银河去，
同到牵牛织女家。

28. 草铺横野六七里，
笛弄晚风三四声。
归来饱饭黄昏后，
不脱蓑衣卧月明。

29. 篙 棹 遮

30.
采菊东篱下，悠然见南山。——陶渊明
人闲桂花落，夜静春山空。——王维
竹外桃花三两枝，春江水暖鸭先知。——苏轼
黄梅时节家家雨，青草池塘处处蛙。——赵师秀
鹅湖山下稻粱肥，豚栅鸡栖对掩扉。——王驾
独出门望前野田，月明荞麦花如雪。——白居易

31.
1. 前不见古人
2. 采菊东篱下
3. 大漠沙如雪
4. 夕阳无限好
5. 会当临绝顶
6. 把酒问青天
7. 润物细无声
8. 死亦为鬼雄
9. 天涯若比邻
10. 老大徒伤悲

32.
11. 相煎何太急
12. 粒粒皆辛苦
13. 春风吹又生
14. 报得三春晖
15. 毕竟东流去
16. 更上一层楼
17. 千里共婵娟
18. 鳞鳞居大厦
19. 城春草木深
20. 何时复西归

33.
21. 恨别鸟惊心
22. 浪淘尽

第三章 诗词记忆

23. 月有阴晴圆缺
24. 柳暗花明又一村
25. 往事知多少
26. 恰似一江春水向东流
27. 不破楼兰终不还
28. 西出阳关无故人
29. 要留清白在人间
30. 多少楼台烟雨中

34.
31. 每逢佳节倍思亲
32. 不及汪伦送我情
33. 二月春风似剪刀
34. 天下谁人不识君
35. 风吹草低见牛羊
36. 斜风细雨不须归
37. 远近高低各不同
38. 风光不与四时同
39. 万紫千红总是春
40. 南望王师又一年

35.
41. 为有源头活水来
42. 春江水暖鸭先知
43. 浓妆淡抹总相宜
44. 道是无晴却有晴
45. 怕得鱼惊不应人
46. 一片冰心在玉壶
47. 添得黄鹂四五声
48. 正是河豚欲上时
49. 此曲只应天上有
50. 山外青山楼外楼

36.
51. 君问归期未有期
52. 三十功名尘与土
53. 人生自古谁无死

54. 春色满园关不住
55. 咬定青山不放松
56. 清明时节雨纷纷
57. 两个黄鹂鸣翠柳
58. 不识庐山真面目
59. 故人西辞黄鹤楼
60. 小荷才露尖尖角

37.
61. 劝君更尽一杯酒
62. 葡萄美酒夜光杯
63. 但使龙城飞将在
64. 飞流直下三千尺
65. 三万里河东入海
66. 儿童急走追黄蝶
67. 爆竹声中一岁除
68. 商女不知亡国恨
69. 念天地之悠悠
70. 断肠人在天涯

38. 1. 随风潜入夜，润物细无声。
2. 南朝四百八十寺，多少楼台烟雨中。
3. 遥望洞庭山水色，白银盘里一青螺。
4. 世人若被明月累，春去秋来老将至。
5. 老吾老以及人之老，幼吾幼以及人之幼。
6. 柴门闻狗吠，风雪夜归人。
7. 书到用时方恨少，是非经过不知难。
8. 莫愁前路无知己，天下谁人不识君。

9. 接天莲叶无穷碧，映日荷花别样红。

10. 豆角开花藤牵藤，朋友相处心连心。

39. 1. 东边日出西边雨，道是无晴却有晴。

2. 旧时王谢堂前燕，飞入寻常百姓家。

3. 九曲黄河万里沙，浪淘风簸自天涯。

4. 鸡声茅店月，人迹板桥霜。

5. 童孙未解供耕织，也傍桑阴学种瓜。

6. 我劝天公重抖擞，不拘一格降人才。

7. 平明寻白羽，没在石棱中。

8. 千里黄云白日曛，北风吹雁雪纷纷。

9. 泉眼无声惜细流，树阴照水爱晴柔。

10. 春潮带雨晚来急，野渡无人舟自横。

40. (1) 出门东向看，泪落沾我衣。
(2) 天地本无心，万物贵其真。
(3) 大漠沙如雪，燕山月似沟。
(4) 些小吾曹州县吏，一枝一叶总关情。

41. (1) 三更灯火五更鸡，正是男儿读书时。
(2) 及时当勉励，岁月不待人。

(3) 盛年不重来，一日难再晨。

42. (1) 可堪孤馆闭春寒，(杜鹃)声里斜阳暮。
(2) 旧时王谢堂前（燕），飞入寻常百姓家。
(3) 燕子不归春事晚，一汀烟雨（杏花）寒。
(4) 待到重阳日，还来就（菊花）。
(5) 纵然一夜风吹去，只在（芦花）浅水边。
(6) 零落（梅花）过残腊，故园归去又新年。

43. 槚 媚 媪 锄 剥

44. 落红不是无情物，化作春泥更护花。——龚自珍

造物无言却有情，每于寒尽觉春生。——张维屏

今夜偏知春气暖，虫声新透绿窗纱。——刘方平

此夜曲中闻折柳，何人不起故园情。——李白

卧看满天云不动，不知云与我俱东。——陈与义

不是花中偏爱菊，此花开尽更无花。——元稹

45.

作者	朝代	题目	名　句
白居易	唐	《忆江南》	日出江花红胜火，春来江水绿如蓝

作者	朝代	题目	名句
王冕	明	《墨梅》	不要人夸好颜色，只留清气满乾坤。
于谦	明	《石灰吟》	粉身碎骨浑不怕，要留清白在人间。
苏轼		《水调歌头》	但愿人长久，千里共婵娟
杜甫	唐	《望岳》	会当凌绝顶，一览众山小
文天祥	宋	《过零丁洋》	人生自古谁无死，留取丹心照汗青

46. 苏轼《题西林壁》

不识庐山真面目，只缘身在此山中。

47. (1) 泰山：会当临绝顶，一览众山小。

(2) 长江：无边落木萧萧下，不尽长江滚滚来。

(3) 苏州、杭州：姑苏城外寒山寺，夜半钟声到客船。

(4) 西湖：欲把西湖比西子，淡妆浓抹总相宜。

48. (1) 好雨知时节，当春乃发生。（杜甫《春夜喜雨》）

清明时节雨纷纷，路上行人欲断魂。（杜牧《清明》）

(2) 白日依山尽，黄河入海流。（王之涣《登鹳雀楼》）

会当凌绝顶，一览众山小。（杜甫《望岳》）

49. 春：春眠不觉晓，处处闻啼鸟。（唐 孟浩然）

竹外桃花三两枝，春江水暖鸭先知。（宋 苏轼）

夏：毕竟西湖六月中，风光不与四时同。（宋 杨万里）

黄梅时节家家雨，青草池塘处处蛙。（宋 辛弃疾）

秋：停车坐爱枫林晚，霜叶红于二月花。（唐 杜牧）

落霞与孤鹜齐飞，秋水共长天一色。（唐 王勃）

冬：墙角数枝梅，凌寒独自开。（宋 王安石）

孤舟蓑笠翁，独钓寒江雪。（唐 柳宗元）

50. (1) 静夜思 李白

床前明月光，疑是地上霜。

举头望明月，低头思故乡。

(2) 九月九日忆山东兄弟 王维

独在异乡为异客，

每逢佳节倍思亲。

遥知兄弟登高处，

遍插茱萸少一人。

(3) 绝句 杜甫

两个黄鹂鸣翠柳，

一行白鹭上青天。

窗含西岭千秋雪，

门泊东吴万里船。

(4) 示儿 陆游

死去元知万事空，

但悲不见九州同。
王师北定中原日，
家祭无忘告乃翁。
(5)题西林壁　苏轼
横看成岭侧成峰，
远近高低各不同。
不识庐山真面目，
只缘身在此山中。
(6)赋得古原草送别　白居易
离离原上草，一岁一枯荣。
野火烧不尽，春风吹又生。
远芳侵古道，晴翠接荒城。
又送王孙去，萋萋满别情。

第四章　文字难题

　　字谜是一种有趣的文字游戏,也是汉民族特有的一种语言文化现象。它在我国有着悠久的历史,流传面广,种类繁多,变化无穷。

1. 猜字谜 ‖分数:2分

(1)上面正差一横,下面少去一点。(　)

(2)林字多一半,不作森字猜。(　)

(3)九十九。(　)

(4)一点一横长,一撇向西分。并排两棵树,栽在石头上。(　)

2. 猜字 ‖分数:2分

右边有,左边无;

后面有,前面无;

哥哥有,弟弟无;

周家有,李家无;

听说有,读写无;

加减有,乘除无;

语言有,文字无;

古文有,今文无。

仔细看看谜面,你能猜出谜底是什么字吗?

3. 有趣的字谜(一) ‖分数:2分

1. 画时圆,写时方;冬时短,夏时长。

2. 千字头,木字腰,太阳出来从不照,人人都说味道好。

3. 一点一横长,两点一横长。你若猜不出,站着想一想。

4. 有心走不快,见水装不完,长草难收拾,遇食就可餐。

4. 有趣的字谜(二) ‖分数:2分

演奏会结束后,小乐手们在庭院里接受记者的采访。当记者问到他们的姓氏时,他们各自笑了,每个人做了一个动作,请记者来猜。

小提琴手指了指庭院里的两棵树;大提琴手拿起一根木棍,放在土堆旁边;小号手拿过一本书,旁边放上一把水果刀;鼓手捡起一粒石子放在瓷盘上。猜一猜,你知道这几位乐

手各自姓什么吗?

5. 读诗猜谜 〡〡分数:2分

读诗句,猜猜谜:

(1)"千锤万凿出深山,烈火焚烧若等闲。粉身碎骨浑不怕,要留清白在人间。"

猜一建筑材料(　　　)

(2)"一朵芙蓉顶上栽,彩衣不用剪刀裁。平生不敢轻言语,一唱千门万户开。"

猜一动物(　　　)

6. 巧猜谜题 〡〡分数:2分

1. 劝君更尽一杯酒。(打《封神演义》中一人物)谜底:_____

2. 恨到归时方始休。(打一诗句)谜底:_____

3. 有错买,没错卖。(打一字)谜底:_____

4. 小燕不喜豪门住。(打一诗句)谜底:_____

5. 传言不必信。(打一字)谜底:_____

6. 世界上人马最少的军队。(打一成语)谜底:_____

7. 猜猜看 〡〡分数:2分

(1)看文字,一半是春秋;论年代,一半在春秋。(打一字)

(2)欲穷千里目,更上一层楼。(打二字词)

(3)红口袋,绿口袋,有人怕,有人爱。(打一蔬菜名)

8. 猜字谜(一) 〡〡分数:2分

(1)只是近黄昏

(2)如箭在弦
(3)住在黄金屋

9.猜字谜(二)　　分数:2分

字谜,在我国有悠长历史,流传面广,种类繁多,变化无穷。快来猜一猜,下面四首字谜分别打什么字。

(一)

一字生得真古怪,
太阳偏在土下埋。
土堆上面长青草,
一切斜着劈下来。

(二)

画时圆,写时方,
冬季短,夏季长。

(三)

我有一物生得巧,
半边鳞甲半边毛。
半边离水难活命,
半边入水命难保。

(四)

细雨洒轻舟,
一点落舟前,
一点落舟中,
一点落舟后。

10.猜地名　　分数:2分

根据下面谜语,猜出我国的地名。

(1)八月飘香香满园 _____
(2)千里戈壁净是沙 _____
(3)夏天穿棉袄 _____
(4)船出长江口 _____
(5)风平浪静 _____
(6)大家都笑你 _____

11.巧猜谜语　　分数:2分

一物生来真叫妙,
白光道道空中跑,
寒冬时候无处找,
暴风天气常见到。

(打一自然现象)

12. 趣味谜语　　∥分数:2分

1.下面的4句话,每句话都有一个谜底,仔细想一想,谜底到底是什么呢?

什么水里无鱼?

什么火没有烟?

什么树没有叶?

什么花没有枝?

2.这是一个字谜,4句话的谜底都是一个字。请你运用所学的知识,大胆发挥想象,说说谜底是什么呢?

四个不字颠倒颠,

四个八字紧相连;

四个人字不相见,

一个十字立中间。

13. 巧猜字谜　　∥分数:2分

下面是一些字谜,先猜出它们各自是什么字,然后看看它们能组成几个词?

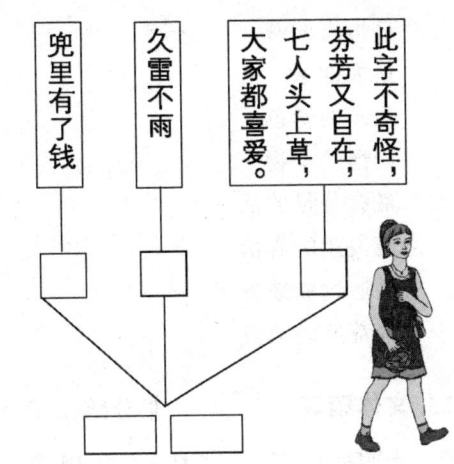

此字不奇怪,
芬芳又自在,
七人头上草,
大家都喜爱。

久雷不雨

兜里有了钱

14. 巧猜成语　　∥分数:2分

有些关于"最"的谜语,它们的答案都是成语,比如:"最长的寿命——万寿无疆"。下面,你也来猜一猜吧!

最难做的饭——

最短的季节——

最大的巴掌——

最吝啬的人——

最厉害的贼—
最大的家—
最多的颜色—
最怪的动物—
最有分量的话—
最失望的心情—
最遥远的地方—
最荒凉的地方—

15. 文体猜谜　　‖分数:2分

1. 早上不忘（打一应用文体）_____

2. 一窍不通（打一古诗体）_____

3. 评讲作文（打一常用文体）_____

4. 作品简介（打一常用文体）_____

5. 言师采药去（打一常用文体）_____

16. 巧组新字　　‖分数:2分

例：加什么字可以和"山""木""水""皮"组成一个新字。

石：山—岩　木—柘　水—泵　皮—破

(1)加什么字可以和"日""白"

"朱""十"组成一个新字。

(2)加什么字可以和"又""口"

"云""工"组成一个新字。

17. 巧组字　　‖分数:2分

请你给每组的四个字加同一个字,使它成为另一个字。

(1)化 口 办 兄

(2)户 女 屯 虫

(3)艮 本 不 寸

(4)一 禾 丁 火

18. 不同的量词　　‖分数:2分

表示"花"的量词(5个)：

表示"画"的量词(5个)：

19. 夏季成语　　‖分数:2分

请写出反映夏季特点的成语,至少4个：

_____、_____、
_____、

20. 哪五种　‖分数：2分

例："五味"是（酸）（甜）（苦）（辣）（咸），泛指（各种味道）。

"五彩"是（　）（　）（　）（　）（　），泛指（　　　　）。

"五谷"是（　）（　）（　）（　）（　），泛指（　　　　）。

"五官"是（　）（　）（　）（　）（　），泛指（　　　　）。

"五金"是（　）（　）（　）（　）（　），泛指（　　　　）。

21. 趣味语文　‖分数：2分

根据句意，在横线上填上适当的字。

说"言"

表示吉祥的话叫吉言
精炼著名的话叫____言
应允别人的话叫____言
诚恳劝告的话叫____言
宣誓所说的话叫____言
临走写下的话叫____言
不满抱怨的话叫____言
生前留下的话叫____言

22. "言""语"成语　‖分数：2分

呆而结巴地说——（　）口（　）舌

最善良的话——（　）言（　）语

最恶毒的话——（　）言（　）语

最有气魄的话——（　）言（　）语

最虚伪的话——（　）言（　）语

23. 妙语连珠　‖分数：2分

你知道下面的惯用语是什么吗？

例：把技艺不精、勉强凑合的

人喻为（三脚猫）

1. 把在团体中起主导的人喻为（　　）
2. 把足智多谋的人喻为（　　）
3. 把接待宾客的当地主人喻为（　　）
4. 把公堂台阶下受审的囚犯喻为（　　）
5. 把吝啬钱财、一毛不拔的人喻为（　　）
6. 把浑浑噩噩、不明事理的人喻为（　　）
7. 把世故圆滑的人喻为（　　）
8. 把没有专业知识的外行人喻为（　　）

24. 动物巧比喻　　∥分数：2分

下列语句非常巧妙地运用某些动物来比喻各种类型的人，你能说出各自所用动物名称吗？

笑脸相迎两面三刀的人：_____

毫无主见随声附和的人：_____

孤陋寡闻见识不广的人：_____

做了坏事仓皇奔逃的人：_____

强横无赖独霸一方的人：_____

一毛不拔吝啬钱财的人：_____

25. 人体名称妙喻　　∥分数：2分

头脑、心脏、骨头、手足……这些人体名称有着巧妙的比喻义，恰当地运用，能使意思表达得更形象而生动。头脑：一是用做"头绪"，如"摸不着头脑"；一是比作群体的首领。

心腹：指亲近而信任的人。

眉目：一是用来比喻文章的条理，如"这篇文章眉目不清"；一是用来比喻事情的线索、头绪，如"这件事终于有了眉目"。

耳目：比喻替人刺探消息的人。

咽喉：比喻形式险要的交通孔道，如"咽喉要道"。

肝胆：比喻真诚的心，如"肝胆相照"；还用来比喻勇气，如"肝胆过人"。

心脏：比喻中心，如"首都北京是祖国的心脏"。

◆你知道上面这些人体名称的妙喻吗？看看你能不能再写出几个。

胃口：

心肝：

骨肉：

手腕：

26. 谁是主角　‖分数：2分

汉语里有许多成语来源于历史故事，这些故事有许多登场人物，众多人物里有一个是故事的主角。你能说出下列成语中的主角吗？

四面楚歌（　　）初出茅庐（　　）

入木三分（　　）

煮豆燃萁（　　）破釜沉舟（　　）

纸上谈兵（　　）

背水一战（　　）指鹿为马（　　）

围魏救赵（　　）

草船借箭（　　）完璧归赵（　　）

卧薪尝胆（　　）

负荆请罪（　　）毛遂自荐（　　）

闻鸡起舞（　　）

三顾茅庐（　　）望梅止渴（　　）

图穷匕见（　　）

27. 俗语换成语　‖分数：2分

请将下列俗语换成一个意思相当的四字成语。

此地无银三百两：＿＿＿＿＿＿

这山望着那山高：＿＿＿＿＿＿

井里打水往河里倒：＿＿＿＿＿＿

赶鸭子上架：＿＿＿＿＿＿

屋漏偏逢连夜雨：＿＿＿＿＿＿

做一天和尚撞一天钟：＿＿＿＿＿＿

28. 巧填标点　‖分数：2分

试一试，给每句加上不同的标点，使句子表达的意思不同。

（1）明明哥哥叫你快去

（2）明明哥哥叫你快去

（3）明明哥哥叫你快去

（4）明明哥哥叫你快去

(3) 改成拟人句：

29. 巧填关联词　‖分数：2分

填上恰当的关联词语。

（　）这杯茶这么烫手，（　）我还是稳稳地端给了张老师。

（　）这杯茶这么烫手，我（　）会稳稳地端给了张老师。

（　）这杯茶这么烫手，我（　）要小心地才能稳稳地端给张老师。

（　）这杯茶很烫手，我（　）会稳稳地端给了张老师。

31. 一句多义　‖分数：2分

写对下面的两句话两种不同的理解。

①他的车子没有锁。

(1) _____

(2) _____

②江苏和浙江的部分地区特别富裕。

(1) _____

(2) _____

30. 按要求改句子　‖分数：2分

武汉大桥横跨长江。

(1) 扩句：

(2) 改成比喻句：

32. 趣味造句　‖分数：2分

看例句，用下列的几个字组成不同的几句话。

(1) 羊　(2) 山　(3) 小　(4) 草　(5) 吃　(6) 上

例：小羊上山吃草。

① _____

② _____
③ _____
④ _____
⑤ _____
⑥ _____

33. 共同点　‖分数：2分

哭和笑有什么共同之处？

34. 不怕雨淋的人　‖分数：2分

天空突然下起了暴雨，在田里劳作的人们都纷纷避雨，却有一个人依然在原处不动。请问为什么？

35. 哪一个比较长　‖分数：2分

"水蛇"、"蟒蛇"、"眼镜蛇"哪一个比较长？

36. 看不到脚印　‖分数：2分

一个人在沙滩上行走，为什么回头看不见自己的脚印？

37. 拔腿就跑的猫　‖分数：2分

一只凶猛的猫，看见了一只老鼠后拔腿就跑了。你猜为什么？

38. 平安无事　　‖ 分数：2分

某地发生了灾害，伤亡惨重，收音机里不断播报受灾情况以及寻人启事，一位老大爷一直在注意收听收音机的报道。有人问他："收音机里播放过你孙子的消息吗？"他回答说："没有。"接着他又说："但我知道我孙子肯定平安无事。"请问：他是怎么知道的？

39. 什么病　　‖ 分数：2分

医生问病人："感冒了？"病人摇头。"肚子疼？"病人摇头。"神经痛？"病人还是摇头。那么，究竟他是来看什么病的？

40. 什么关系　　‖ 分数：2分

一位警察带着一位小孩子过马路，路人问警察："他是你的儿子吗？"警察说，是。路人又问那个小孩子："这位警察是你爸爸吗？"小孩子说，不是。这是为什么？

41. 问什么问题　　‖ 分数：2分

大勇向伙伴们吹嘘说："昨天上操的时候，老师提了一个问题，全班除了我没有一个能答对的。"你猜老师问的是什么问题？

42. 奇怪的撞车事件　　‖ 分数：2分

一位卡车司机撞倒了一个骑摩托车的人，结果是卡车司机受了伤，而骑摩托车的人却没事。这是为什么？

43. 不实用的布 ‖ 分数：2分

有一种布很长、很宽也很好看，但是没有人用它来做衣服，也不可能做成衣服。这是什么布？

44. 为什么没有受伤 ‖ 分数：2分

有一个人被从几千米的高空掉下来的东西砸在头上，却没有受伤。为什么？

45. 同时进行 ‖ 分数：2分

有一种东西，上升的同时会下降，下降的同时会上升。这是什么？

46. 小王的绝技 ‖ 分数：2分

小王一边刷牙，一边悠闲地吹着口哨。他是怎么做到的？

47. 没有上锁的房间 ‖ 分数：2分

小张被关在一间并没有上锁的房间里，可是他用尽力气也不能把门拉开。这是怎么回事？

48. 叫什么 ‖ 分数：2分

小明的爸爸有三个儿子，一个叫大毛，一个叫小毛，第三个叫什么？

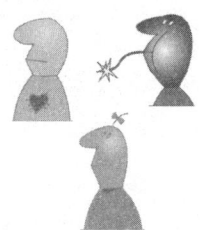

49. 改时态　　∥分数：2分

老师叫小王把"我哥哥去学校"这句话改为将来时。你猜小王是怎样改的？

50. 吃鱼的好处　　∥分数：2分

有人说吃鱼可避免患近视眼，你知道为什么吗？

答案部分：

第四章 文字难题

1. （1）步 （2）梦 （3）白 （4）磨
2. 谜底是"口"。仔细看看哪些有，哪些无，就会发现了。
3. 日 香 立 曼
4. 小提琴手姓林，大提琴手姓杜，小号手姓刘，鼓手姓孟。
5. （1）石灰 （2）公鸡
6. 1. 谜底：比干
   2. 谜底：人生在世不称意
   3. 谜底：十
   4. 谜底：飞入寻常百姓家
   5. 谜底：专
   6. 谜底：单枪匹马
7. （1）秦
   （2）远见
   （3）辣椒
8. （1）晒 （2）引 （3）锯
9. （一）著 （二）日
   （三）鲜 （四）心
10. （1）桂林 （2）长沙 （3）武汉
    （4）上海 （5）宁波 （6）齐齐哈尔
11. 谜底是闪电。
12. 1. 井水没鱼；萤火没有烟；枯树没有叶；雪花没有枝。
    2. 米。
13. 园、田、花；
    田园、花园。
14. 无米之炊、一日三秋、一手遮天、一毛不拔、偷天换日、四海为家、万紫千红、虎头蛇尾、一言九鼎、万念俱灰、天涯海角、不毛之地。
15. 1. 日记
    2. 七绝
    3. 议论文
    4. 文言文
    5. 童话
16. （1）王：旺 皇 珠 圭
    （2）力：劝 另 动 功
17. （1）化 口 办 兄 ＋ 十
      ＝ 华、叶、协、克
    （2）户 女 屯 虫 ＋ 口

= 启、囚、吨、虽

(3) 艮本不寸＋土
= 垦、奎、坏、寺

(4) 一禾丁火＋一
= 二、末、于、灭

18. 表示"花"的量词（5个）：
朵、束、捧、把、盆。
表示"画"的量词（5个）：
幅、张、卷、批、墙。

19. 烈日炎炎、骄阳似火、绿树成荫、汗流浃背

20. "五彩"是青（蓝）、黄、赤（红）、白、黑，泛指各种颜色。
"五谷"是稻、黍、稷、麦、豆，泛指各种粮食。
"五官"是耳、眉、眼、鼻、口，泛指脸部器官。
"五金"是金、银、铜、铁、锡，泛指各种金属。

21. 格言　诺言　忠言　誓言
留言　怨言　遗言

22. 呆而结巴地说——张口结舌
最善良的话——甜言蜜语
最恶毒的话——污言秽语
最有气魄的话——豪言壮语
最虚伪的话——花言巧语

23. 1. 主心骨　2. 智多星　3. 东道主
4. 阶下囚　5. 铁公鸡　6. 糊涂蛋
7. 老油条　8. 门外汉

24. 笑面虎　跟屁虫　井底蛙
丧家犬　地头蛇　铁公鸡

25. 胃口：比喻喜好，如"这东西正对我胃口"。
心肝：比喻极喜爱的人或物，如"这可是我的心肝宝贝"。
骨肉：比喻亲情，如"我们可是亲骨肉"。
手腕：比喻手段，如"你还挺有手腕的"。

26. 四面楚歌（项羽）初出茅庐（诸葛亮）入木三分（王羲之）
煮豆燃萁（曹植）破釜沉舟（项羽）纸上谈兵（赵括）
背水一战（韩信）指鹿为马（赵高）围魏救赵（孙膑）
草船借箭（诸葛亮）完璧归赵（蔺相如）卧薪尝胆（勾践）
负荆请罪（廉颇）毛遂自荐（诸葛亮）闻鸡起舞（祖逖）
三顾茅庐（刘备）望梅止渴（曹操）图穷匕见（荆轲）

27. 此地无银三百两：不打自招
这山望着那山高：好高骛远

井里打水往河里倒：徒劳无功

赶鸭子上架：强人所难

屋漏偏逢连夜雨：祸不单行

做一天和尚撞一天钟：得过且过

28. （1）明明，哥哥叫你快去。
    （2）明明哥哥叫你，快去。
    （3）明明，哥哥叫你，快去。
    （4）明明哥哥，叫你快去。

29. （虽然）这杯茶这么烫手，（但）我还是稳稳地端给了张老师。

    （尽管）这杯茶这么烫手，我（还是）会稳稳地端给了张老师。

    （既然）这杯茶这么烫手，我（就）要小心地才能稳稳地端给张老师。

    （即使）这杯茶很烫手，我（也）会稳稳地端给张老师。

30. 武汉大桥像长龙般横跨在波涛滚滚的长江之上。

    武汉大桥像一道五彩的彩虹，横跨于长江之上。

    武汉大桥如巨人般屹立于长江之上。

31. ①他的车子没有锁（可能是锁丢了）；他的车子锁开着，没锁上。

    ②江苏的部分地区和浙江的部分地区特别富裕；

    江苏全部地区特别富裕，浙江的部分地区特别富裕。

32. ①小羊上山吃草

    ②羊吃山上小草

    ③羊上山吃小草

    ④山上小羊吃草

    ⑤小羊吃草上山

    ⑥山上羊吃小草

    ⑦小山上羊吃草

    ⑧羊山上吃小草

33. 两个字的笔画都是十笔。

34. 因为它是稻草人。

35. 眼镜蛇长，其他都是两个字。

36. 因为他倒着走。

37. 因为老鼠先跑，而猫是去追老鼠的。

38. 他的孙子就是那个播音员。

39. 他来看一直摇头不停的毛病。

40. 警察是小孩的妈妈。

41. 老师问："大勇，你为什么又迟到了？"

42. 卡车司机在步行。

43. 瀑布。

44. 掉下来的是雪花。

45. 跷跷板。

46. 他在刷假牙。
47. 推开门就行。
48. 小明。
49. 小王改为"哥哥的儿子去学校"。
50. 谁见过猫戴眼镜?

第五章　成语问题

成语大部分是从古代承沿下来，具有特定含义的固定说法，它在语言表达中有生动简洁、形象鲜明的作用，是汉语中浓缩的语言精华。

1. "一"至"十"开头的成语　∥分数：2分

你能分别填写出由中文数字"一"至"十"开头的成语吗？

一_____　　二_____
三_____　　四_____
五_____　　六_____
七_____　　八_____
九_____　　十_____

2. 看图说成语　∥分数：2分

请看下图，写出每张图所表现的成语。

3. 填成语　∥分数：2分

请在横线上填上适当的字，将成语补充完整。

四___八___　七___八___
___千___万　人___人___
___诚___诚　惟___惟___
结结____
郁郁____
异___同___
大___小___
南___北___

4. 火眼金睛挑错字　∥分数：2分

下列每个成语中各有一个错别字，请将它们挑出来并加以改正。

同仇敌汽　邻危不惧
勇往值前　前扑后继
力挽狂阑　中流抵柱
大意凛然　毫情壮志
不屈不饶　批荆斩棘
愤发图强 _____
励经图治 _____
众志成诚 _____

舍生取意 _____
认重道远 _____
再接再历 _____

5. 成语填空（一） ‖分数：2分

请将下面的成语补充完整。
文质___仪表___
熊腰___力壮___
神采___满面___
丧气___口呆___
健步___活蹦___
大摆___哈腰___
低声___巧舌___
动听___心长___

6. 补充成语（一） ‖分数：2分

把下列词语补充完整。
波（ ）壮阔 盛气（ ）人 兴国安（ ）身（ ）其境
（ ）尽全力 千（ ）一发 无微不（ ）翠色（ ）流

7. 补充成语（二） ‖分数：2分

把下列成语补充完整。
司空见（ ）
前（ ）后（ ）
（ ）思（ ）虑
（ ）（ ）不倦
五彩（ ）（ ）
（ ）（ ）不绝
惊心动（ ）
如（ ）似（ ）
（ ）山（ ）岭
浮想（ ）（ ）

8. 成语填空（二） ‖分数：2分

按要求写出成语。
(1) 反映品质优秀的：
_____、_____；
(2) 形容人特别多的：
_____、_____；
(3) 形容风景优美的：
_____、_____；
(4) 表现深情厚谊的：
_____、_____。

9. 叠词成语 ‖分数：2分

请将下列叠词成语补充完整。
得意____ 生机____
小心____ 气势____
____玉立 ____不绝
____逼人 ____如生

10. 填字组词 ‖分数：2分

在"然"字前面填上合适的字，组成词语。
___然大悟　___然纸上
___然有序　___然自得
___然开朗　___然大怒
___然泪下　___然大波

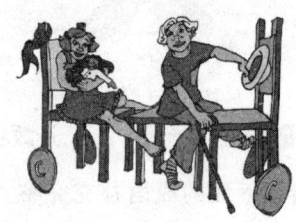

11. 组成语 ‖分数：2分

在下面（ ）里填上人体某部分名称，组成四字成语。
（　）枪（　）剑
袖（　）旁观
孤（　）难鸣
屈（　）可数
（　）有成竹
得（　）应（　）
（　）（　）之言
牵（　）挂（　）

促（　）（　）
谈一（　）之力

12. 仿例写成语　‖分数：2分

仿照例子，按要求写成语。

令出如山（含比喻词）：_____

惟妙惟肖（ABAC式）：_____

街头巷尾（含一对反义词）：_____

请写出表示人的仪表神态的成语：_____

13. 按要求写成语　‖分数：2分

（1）表示响声的AABB式成语
（2）形容勤劳的四字词语
（3）写出几个表示"依恋"的成语

14. 成语错别字　‖分数：2分

下列词语错别字最少的一组是（　）。

A. 流水潺潺　斩钉截铁
　　风餐路宿　辗转反侧
B. 谈笑风声　忐忑不安
　　狼狈为干　神计妙算
C. 震耳欲聋　跋山涉水
　　遍体鳞伤　安然无羊
D. 呕心沥血　春意盎然
　　沉重其事　再接再励

15. 成语反义词　‖分数：2分

词语：鼠目寸光、雪中送炭、事半功倍、腰缠万贯、名副其实的反义词，最恰当的一组是（　）。

A. 高瞻远瞩　锦上添花
　　事倍功半　一贫如洗
　　名不副实
B. 高瞻远瞩　莫不关心
　　一箭双雕　衣衫褴褛

81

滥竽充数

C. 胸怀大志　锦上添花
　　一箭双雕　一贫如洗
　　徒有虚名

D. 目光远大　漠不关心
　　事倍功半　衣衫褴褛
　　名不副实

16. 成语解释　‖分数：2分

将成语与它们的正确解释用线连起来。

（1）形容声音响亮或事业伟大。

惊涛骇浪

（2）凶猛而使人害怕的波涛。

脱口而出

（3）不假思索，随口说出。

惊天动地

17. 字义和读音　‖分数：2分

下列各组成语中"差"的意义与读音相同的一组是（　）。

（1）一念之差　一差二错
　　毫无差别

（2）鬼使神差　钦差大臣
　　应付差事

（3）差之毫厘　参差不齐
　　差三错四

（4）屡出差错　毫无差别
　　差强人意

18. 巧填成语　‖分数：2分

依次填入下列各方框的成语，与句意最贴切的一组是（　）。

（1）许多年以后，这一带的人们还（　）地传说着当年刘家敏的奋战情形。

（2）小明的悟性特别好，张老师才上了第一节课，张老师讲课的样子，小明就能模仿得（　）。

（3）他所描写的事物，往往给

人以一种（　　），历历如绘，须眉毕现，仿佛可触可摸的印象。

（4）站在龛里的那两个小童和那尊柳树精塑像，是那样逼真传神，真称得上是（　　）之作。

A. 活灵活现　鬼斧神工
　　惟妙惟肖　栩栩如生

B. 栩栩如生　活灵活现
　　鬼斧神工　惟妙惟肖

C. 惟妙惟肖　栩栩如生
　　活灵活现　鬼斧神工

D. 活灵活现　惟妙惟肖
　　栩栩如生　鬼斧神工

19. 挑出错别字　∥分数：2分

下列成语有错别字的一组是（　　）。

（1）各抒己见　心旷神怡
　　名副其实　人声鼎沸

（2）神机妙算　从容不迫
　　阴谋诡计　身临其境

（3）漫不经心　逃之夭夭
　　郁郁寡欢　无微不至

（4）穿流不息　前所未有

斗志昂扬　爱不失手

20. 成语中的字义　∥分数：2分

下面成语中加点字意思相同的一组是（　　）。

（1）风雨交加　交头接耳
（2）锐不可当　当之无愧
（3）漠然置之　漠不关心
（4）挑拨离间　亲密无间

21. 成语接龙（一）　∥分数：2分

参照例子，接龙成语。

例：洗心革面 —→ 面目全非 —→ 非同小可—→ ……

握手言欢 —→（　　）—→
（　　）—→（　　）—→
（　　）

22. 成语接龙（二） ‖分数：2分

在括号中填上适当的字，使成语的首尾相连，并仿写一组。

（1）暗无天（ ）新月（ ）想天（ ）门见（ ）

（2）低声下（ ）象万（ ）军万（ ）到成（ ）

（3）（　　　）（　　　）（　　　）（　　　）

23. 成语对应 ‖分数：2分

给下列成语找出意思相对应的成语。

一箭双雕（　　　）飞蛾投火（　　　）

水落石出（　　　）画蛇添足（　　　）

虎头蛇尾（　　　）掩耳盗铃（　　　）

过河拆桥（　　　）螳臂挡车（　　　）

24. 解释成语中的字 ‖分数：2分

下列加"．"字解释全部正确的一组是（　　）。

A. 出神入化（神妙）滥竽充数（蒙混）意蕴深刻（包含）安居乐业（喜欢）

B. 欺君之罪（欺凌）举不胜举（尽）首脑会晤（见面）奋不顾身（照管）

C. 古木参天（高耸）危峰兀立（高而上平）目不暇接（空闲）通宵达旦（经过）

D. 山清水秀（青色）喜出望外（意料）走投无路（投奔）寡不敌众（少）

25. 叠字成语　‖分数：2分

A. 咄咄（　　）
B. 兢兢（　　）
C. 虎视（　　）
D. 振振（　　）

26. 按要求写成语　‖分数：2分

按要求写出下列成语。
（1）含有动物名称的：
＿＿＿、＿＿＿、＿＿＿
（2）表示知识渊博的：
＿＿＿、＿＿＿、＿＿＿

27. 填成语　‖分数：2分

根据括号中的意思，在横线上填上恰当的成语。

爸爸是个＿＿＿＿（有学问）的人，他＿＿＿＿（看书多），常常＿＿＿＿（看书快），读书甚至使他＿＿＿＿（不吃不休息）。

28. 成语近义　‖分数：2分

在括号中，用一个字写出下列成语的共同点。

（1）肃然无声　悄无声息　万籁俱寂　鸦雀无声（　　）

（2）极目远眺　屏息凝视　东张西望　耳闻目睹（　　）

（3）各抒己见　议论纷纷　畅所欲言　自言自语（　　）

（4）豁然开朗　恍然大悟　茅塞顿开　灵光乍现（　　）

（5）兴高采烈　手舞足蹈　眉开眼笑　笑逐颜开（　　）

29. 格子组成语　∥分数：2分

请你从方格里的某一个字开始，一次经过格子里所有的字，并不重复已经走过的路线，使沿途经过的字连接起来，成为首尾相接的八条四字成语。

放	山	高	水	长
虎	归	论	大	篇
阔	海	功	心	悦
天	人	行	赏	目
空	山	人	无	中

30. 巧组成语　∥分数：2分

请从第（2）组词语里，找出第（1）组词的反义词，填入空格，组成成语。

(1) 出生＿＿　深入＿＿　去粗＿＿
　　避重＿＿　弃暗＿＿　外强＿＿
　　熟视＿＿　眼高＿＿　惩前＿＿

(2) ＿＿就轻　＿＿取精　＿＿中干
　　＿＿毖后　＿＿入死　＿＿浅出
　　＿＿手低　＿＿投明　＿＿无睹

31. 方位词成语　∥分数：2分

下面都是些方位词，你能以每个方位词作为第一个字，把它填写成成语吗？

上＿＿＿　下＿＿＿
左＿＿＿　右＿＿＿
前＿＿＿　后＿＿＿
里＿＿＿　外＿＿＿
东＿＿＿　西＿＿＿
南＿＿＿　北＿＿＿
中＿＿＿　内＿＿＿
间＿＿＿　旁＿＿＿

32. 数字成语　∥分数：2分

根据方格中已有的数字填空，

使每一行构成不同的成语。

一				
	一			
		一		
			一	
二				
	二			
		二		
			二	
三				
	三			
		三		
			三	
		三	四	
		三	四	
		三	四	
		三	四	
				五
				五
				五
				五

33. 数字猜成语　‖分数：2分

12345609（　　　）

1256789（　　　）

1＋2＋3（　　　）

333 555（　　　）

3.5（　　　）

5 10（　　　）

9寸＋1寸＝1尺（　　　）

34. 趣味成语　‖分数：2分

根据要求在括号中填出成语。

（1）最大的嘴（　　　）

（2）最长的腿（　　　）

（3）最高的人（　　　）

（4）最大的手术（　　　）

（5）最荒芜的地方（　　　）

(6) 最宝贵的话（   ）
(7) 最长的一天（   ）
(8) 最快的速度（   ）
(9) 最大的差别（   ）
(10) 最大的变化（   ）

人云亦__ __腔北调
气壮山__ __辕北辙
一技之__ __里淘金
一日之__ __风满面
万古长__ __底捞月
见多识__ __山再起

35. 地名成语　‖分数：2分

把成语补充完整，再把填入的部分读一读，原来组成了我国的城市名，你知道这些城市吗？

至高无____枯石烂
人定胜__ __落石出
语重心__ __暖花开
金石为__ __官许愿
难能可__ __春白雪
人才济__ __征北战
五湖四__ __诛笔伐
声东击__ __如泰山
说东道__ __死不屈
一步登__ __津乐道
因小失__ __心同德
低三下__ __流不息

36. 成语中的"心""意"
　　　　　　　　‖分数：2分

请在括号中填上适当的字构成成语。

(1)（　）心（　）意
(2)（　）心（　）意
(3)（　）心（　）意
(4)（　）心（　）意
(5)（　）心（　）意
(6)（　）心（　）意

37. 填颜色，组成语　‖分数：2分

请在下面空格中填上适当的数字，使每个成语完整无误。试一试，你准行。

(　) 装素裹

（　）树成荫
（　）袍加身
素车（　）马
万古长（　）
（　）气东来
漆（　）一团
灯（　）酒（　）
半（　）半（　）
面（　）耳（　）
姚（　）魏（　）
姹（　）嫣（　）
（　）山（　）水
（　）纸（　）字
（　）（　）不接
（　）（　）分明

(8) 扬汤止__　__石成金
(9) 因势利__　__中窥豹
(10) 功德无__　__水车薪
(11) 以卵击__　__守成规
(12) 泾渭不__　__题万里
(13) 埋头苦__　__消瓦解
(14) 坐吃山__　__象万千
(15) 借题发__　__人深省
(16) 一鼓作__　__同嚼蜡
(17) 言必有__　__颜悦色
(18) 不即不__　__虚乌有
(19) 买空卖__　__吞山河

38. 化学名词组成语　分数：2分

完成下列成语，使每条中相邻两条横线上的字都能组成化学词汇。

(1) 千变万__　__以致用
(2) 力争上__　__乡背井
(3) 一团和__　__无完肤
(4) 入木三__　__虚乌有
(5) 八面威__　__整为零
(6) 磐石之__　__贴入微
(7) 生灵涂__　__白分明

39. 数学术语填成语　分数：2分

请将下边的十条成语补充完整，然后再将补充的字竖着连成四句数学上用的术语，好吗？

（　）花（　）门
（　）湖（　）海
（　）上（　）下
（　）擒（　）纵
（　）头（　）臂
（　）心（　）意
（　）全（　）美
（　）全（　）美

（　）湖（　）海
（　）行（　）作

①千军万__ __火连天
②下里__人 __碧辉煌
③倚老卖__ __己救人
④振兴中__ __清水秀
⑤自怨自__ __出于蓝
⑥围__救赵 __然屹立
⑦擒贼擒__ __妙维肖

40. 体育项目组成语 ‖ 分数：2分

请在下列每个体育项目两边的横线上填字，使其组成左右相连的两个成语。

① ____ 登 山 ____
② ____ 举 重 ____
③ ____ 击 剑 ____
④ ____ 跳 水 ____
⑤ ____ 体 操 ____
⑥ ____ 技 巧 ____
⑦ ____ 跳 高 ____

41. 名人填填看 ‖ 分数：2分

请你在下面的横线上各填进一个字，使这个字与另三个字能组成一个成语，同时要求在同一横排中填进两个字组成我国一位有作品选入小学课本的作家的名字。

42. 填国名组成语 ‖ 分数：2分

请你在下面的横线上填字，使填的字与另三个字能组合一成语，同时要求填入的相邻两个字组成一个国家名。

①饱食终__ __末倒置
②心心相__ __日如年
③见仁见__ __害攸关
④百川归__ __广人稀
⑤脱缰之__ __应外合
⑥十全十__ __计民主

43. 填姓氏组成语　‖分数：2分

完璧归（　）
推（　）出新
繁（　）昌盛
一枕（　）梁
（　）无前例
（　）手起家
（　）罗万象
（　）碧辉煌
（　）而复始
大（　）旗鼓
（　）庄大道
一（　）不拔

44. 作家名组成语　‖分数：2分

填成语，使填上的前后两个字组成古今作家名。

（　）代桃僵
（　）驹过隙
（　）山流水
（　）可而止

（　）冠李戴
（　）往开来
（　）当益壮
（　）己救人
（　）消瓦解
（　）旷神怡
（　）暗花明
（　）云直上
（　）是丁，卯是卯
（　）珑剔透

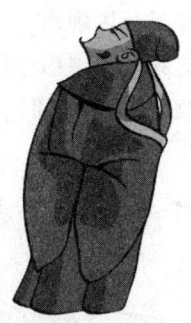

45. "春"的成语知多少

‖分数：2分

春天是美丽的，春天的性格是奋发热情的，它绿了树，红了花，使万物充满了生机。请你在下面的空格里填上适当的字，组成与春有关的成语。

春	春	春	春					
雨	暖	色	风		木	手	春	回	江
				秋	景	得	明	逢	回	白	大	水
					实	明	意	媚				

46. 辨"风"成语　‖分数：2分

自然界的风是各具特色的，你能正确地识别它们吗？

__风拂面 __风劲吹 __风徐来
__风习习 __风细雨 __风大作
__风送爽 __风骤雨 __风凛冽
__风刺骨 __风呼啸 __风残月

47. 动物名组成语　‖分数：2分

试填写由下列动物名组成的成语。

A组：

__蛇__ __蛙__
__鹿__ __牛__
__犬__ __虎__
__雕__ __貉__
__马__ __龙__
__兔__ __鼠__
__猴__ __羊__
__鸡__ __雁__
__鳖__ __象__
__鹰__ __鸟__
__豹__ __蝉__
__凤__ __雀__

B组：

__鹤__ __犬__
__狐__ __狈__
__狼__ __鹿__
__夔__ __马__
__牛__ __虎__
__龙__ __猿__
__鼠__ __萤__
__蚁__ __蛾__
__蝉__ __鳖__
__鱼__ __猫__
__驴__ __豹__
__鸟__ __雀__

48. 含"龙"成语　‖分数：2分

龙，是古代传说中的神异动物，象征着吉祥、高贵、长寿。你能根据下列词组之意，在相应后面的括号里填入带"龙"的成语吗？

笔势活泼（　　　）
珍贵食品（　　　）
精神健壮（　　　）

怀才不遇（　　　　）
凶险地方（　　　　）
威武雄壮（　　　　）
雄才壮志（　　　　）
仪态异常（　　　　）
吟咏嘹亮（　　　　）
文采极好（　　　　）
竞赛激烈（　　　　）
似爱非爱（　　　　）
生气勃勃（　　　　）
前因后果（　　　　）
年老体弱（　　　　）
关键词句（　　　　）
地质险要（　　　　）
力量强大（　　　　）
描绘生动（　　　　）
殷切希望（　　　　）
巴结权势（　　　　）
品德高尚（　　　　）
隐居的人才（　　　　）

```
__ __ 床 __ __ 疑
__ __ 前 __ __ 是
__ __ 明 __ __ 地
__ __ 月 __ __ 上
__ __ 光 __ __ 霜
__ __ 举 __ __ 低
__ __ 头 __ __ 头
__ __ 望 __ __ 思
__ __ 明 __ __ 故
__ __ 月 __ __ 乡
```

49. 《静夜思》填成语　‖　分数：2分

你能根据唐朝诗人李白的《静夜思》，在下面的空格里各填一个字，组成二十个成语吗？

50. 古诗词句猜成语　‖　分数：2分

白日依山尽。（唐·王之涣《登鹳雀楼》）_____

不识庐山真面目。（宋·苏轼《题西林壁》）_____

春蚕到死丝方尽，蜡炬成灰泪始干。（唐·李商隐《无题》）_____

藏在深闺人未识。（唐·白居易《长恨歌》）_____

黄河之水天上来。（唐·李白《将进酒》）_____

剪不断，理还乱。（南唐·李煜《独上西楼》）_____

两个黄鹂鸣翠柳。（唐·杜甫《绝句》）_____

君王掩面救不得。（唐·白居易《长恨歌》）_____

卷我屋上三重茅。（唐·杜甫《茅屋为秋风所破歌》）_____

青山遮不住，毕竟东流去。（宋·辛弃疾《菩萨蛮·书江西造口壁》）_____

是进亦忧，退亦忧。（宋·范仲淹《岳阳楼记》）_____

桃花潭水深千尺。（唐·李白《赠汪伦》）_____

同行十二载，未知木兰是女郎。（《木兰诗》）_____

问君能有几多愁。（南唐·李煜《虞美人》）_____

夜久语声绝。（唐·杜甫《石壕吏》）_____

于无声处听惊雷。（唐·龚自珍《己亥杂诗》）_____

欲穷千里目，更上一层楼。（唐·王之涣《登鹳雀楼》）_____

朝辞白帝，暮至江陵。（北魏·郦道元《水经注》）_____

答案部分：

第五章　成语问题

1. 一本正经、二话不说
   三心二意、四面八方
   五颜六色、六神无主
   七嘴八舌、八仙过海
   九牛一毛、十全十美

2. 开门见山，大材小用，
   一举两得，三长两短，
   小题大做，百发百中。

3. 四面八方　七嘴八舌
   成千上万　人山人海
   诚心诚意　惟妙惟肖
   结结巴巴　郁郁葱葱
   异口同声　大惊小怪
   南辕北辙

4. 同仇敌忾　临危不惧
   勇往直前　前仆后继
   力挽狂澜　中流砥柱
   大义凛然　豪情壮志
   不屈不挠　披荆斩棘
   奋发图强　励精图治
   众志成城　舍生取义
   任重道远　再接再厉

5. 文质彬彬　仪表堂堂
   虎背熊腰　身强力壮
   神采奕奕　满面春风
   垂头丧气　目瞪口呆
   健步如飞　活蹦乱跳
   大摇大摆　点头哈腰
   低声细语　巧舌如簧
   娓娓动听　语重心长

6. 波澜壮阔　盛气凌人
   兴国安邦　身临其境
   竭尽全力　千钧一发
   无微不至　翠色欲流

7. 司空见惯　前呼后拥
   深思熟虑　孜孜不倦
   五彩斑斓　滔滔不绝
   惊心动魄　如花似玉
   崇山峻岭　浮想联翩

8. （1）坚强不屈、正气凛然、
   刚正不阿、舍己救人；
   （2）人山人海、摩肩接踵、
   人声鼎沸、人潮如流；
   （3）山清水秀、鸟语花香、
   层峦叠嶂、风光旖旎；
   （4）情深义重、情同手足、
   肝胆相照、亲密无间。

9. 得意洋洋　生机勃勃

小心翼翼　气势汹汹
　　亭亭玉立　滔滔不绝
　　咄咄逼人　栩栩如生
10. 恍然大悟　跃然纸上
　　井然有序　悠然自得
　　豁然开朗　勃然大怒
　　潸然泪下　轩然大波
11. 唇枪舌剑　袖手旁观
　　孤掌难鸣　屈指可数
　　胸有成竹　得心应手
　　肺腑之言　牵肠挂肚
　　促膝长谈　一臂之力
12. 势如破竹　绘声绘色
　　虎头蛇尾　神态自若
13. （1）嘻嘻哈哈、哭哭啼啼、
　　叽叽喳喳；
　　（2）勤勤恳恳、任劳任怨；
　　（3）依依不舍、朝思暮想、
　　望穿秋水、望眼欲穿。
14. A
15. D
16. （1）形容声音响亮或事业伟大。
　　惊天动地
　　（2）凶猛而使人害怕的波涛。
　　惊涛骇浪
　　（3）不假思索，随口说出。
　　脱口而出
17. （2）
18. D
19. （4）川流不息　前所未有　斗志昂扬　爱不释手

20. （4）
21. 握手言欢→欢声笑语→语重心长→长命百岁→岁月如流。
22. （1）暗无天日　日新月异
　　　　异想天开　开门见山
　　（2）低声下气　气象万千
　　　　千军万马　马到成功
　　（3）心想事成　成千上万
　　　　万无一失　失而复得
23. 一箭双雕（一石二鸟）
　　飞蛾投火（自取灭亡）
　　水落石出（真相大白）
　　画蛇添足（多此一举）
　　虎头蛇尾（半途而废）
　　掩耳盗铃（自欺欺人）
　　过河拆桥（落井下石）
　　螳臂挡车（自不量力）
24. A
25. A. 咄咄逼人　B. 兢兢业业
　　C. 虎视眈眈　D. 振振有词
26. （1）叶公好龙、狐假虎威、
　　　　闻鸡起舞、马到成功……
　　（2）才高八斗、学富五车、
　　　　博览群书、博学多闻……
27. 博学多闻、博览群书、一目十行、废寝忘食。
28. （1）静（2）看（3）说（4）想（5）乐
29. 放虎归山—山高水长—长篇大论—论功行赏—赏心悦目—目中无人—

人山人海—海阔天空

30. 出生入死　深入浅出
　　去粗取精　避重就轻
　　弃暗投明　外强中干
　　熟视无睹　眼高手低
　　惩前毖后

31. 上下其手　下不为例
　　左右为难　右军习气
　　前赴后继　后来居上
　　里应外合　外强中干
　　东奔西走　西风残照
　　南柯一梦　北讨南征
　　中流砥柱　内外勾结
　　间不容发　旁若无人

32. 一石二鸟
　　独一无二
　　万无一失
　　九九归一
　　二龙戏珠
　　不二法门
　　三心二意
　　说一不二
　　三番五次
　　不三不四
　　垂涎三尺
　　接二连三
　　朝三暮四
　　说三道四
　　丢三落四
　　颠三倒四
　　挨三顶五

　　拔十得五
　　连三接五
　　马中关五

33. 七零八落、丢三落四、
　　接二连三、三五成群、
　　不三不四、一五一十、
　　得寸进尺。

34. (1) 气吞山河
　　(2) 一步登天
　　(3) 顶天立地
　　(4) 脱胎换骨
　　(5) 不毛之地
　　(6) 金玉良言
　　(7) 度日如年
　　(8) 风驰电掣
　　(9) 天壤之别
　　(10) 天翻地覆

35. 上海　天水
　　长春　开封
　　贵阳　济南
　　海口　西安
　　西宁　天津
　　大连　四川
　　云南　河南
　　长沙　长春
　　青海　广西

36. (1) 称心如意
　　(2) 诚心诚意
　　(3) 一心一意
　　(4) 三心二意
　　(5) 全心全意

(6) 粗心大意

37. (银)装素裹　　(绿)树成荫
    (黄)袍加身　　素车(白)马
    万古长(青)　　(紫)气东来
    漆(黑)一团　　灯(红)酒(绿)
    半(青)半(黄)　　面(红)耳(赤)
    姚(黄)魏(紫)　　姹(紫)嫣(红)
    (青)山(绿)水　　(白)纸(黑)字
    (青)(黄)不接　　(黑)(白)分明

38. (1) 化学　　(2) 游离
    (3) 气体　　(4) 分子
    (5) 风化　　(6) 固体
    (7) 炭黑　　(8) 沸点
    (9) 导管　　(10) 量杯
    (11) 石墨　　(12) 分离
    (13) 干冰　　(14) 空气
    (15) 挥发　　(16) 气味
    (17) 中和　　(18) 离子
    (19) 空气

39. (五)花(八)门
    (五)湖(四)海
    (七)上(八)下
    (七)擒(七)纵
    (三)头(六)臂
    (三)心(二)意
    (十)全(十)美
    (十)全(十)美
    (五)湖(四)海
    (五)行(八)作
    数学术语：五七三十五

    八八六十四　　五七三十五
    二七四十八

40. ①捷足先登　　山穷水尽
    ②不胜枚举　　重于泰山
    ③不堪一击　　剑拔弩张
    ④鸡飞狗跳　　水涨船高
    ⑤浑然一体　　操之过急
    ⑥雕虫小技　　巧舌如簧
    ⑦心惊肉跳　　高瞻远瞩

41. ①马烽　　②巴金
    ③老舍　　④华山
    ⑤艾青　　⑥魏巍
    ⑦王维

42. ①日本　　②印度
    ③智利　　④海地
    ⑤马里　　⑥美国

43. 完璧归(赵)
    推(陈)出新
    繁(荣)昌盛
    一枕(黄)粱
    (史)无前例
    (白)手起家
    (包)罗万象
    (金)碧辉煌
    (周)而复始
    大(张)旗鼓
    (康)庄大道
    一(毛)不拔

44. 李白　高适　张继
    老舍　冰心
    柳青　丁玲

第五章 成语问题

45.

春	春	春	春	春	枯	妙	阳	春	春
雨	暖	色	风	光	木	手	春	回	江
如	花	满	拂	明	逢	回	白	大	水
油	开	园	面	媚	春	春	雪	地	暖

46. 微风拂面　寒风劲吹
　　清风徐来　凉风习习
　　和风细雨　狂风大作
　　秋风送爽　暴风骤雨
　　北风凛冽　寒风刺骨
　　狂风呼啸　晓风残月

47. A组：
　　打草惊蛇　井底之蛙
　　群雄逐鹿　力大如牛
　　丧家之犬　生龙活虎
　　一箭双雕　一丘之貉
　　指鹿为马　叶公好龙
　　守株待兔　过街老鼠
　　杀鸡吓猴　歧路亡羊
　　呆若木鸡　沉鱼落雁
　　瓮中之鳖　盲人摸象
　　饿虎饥鹰　惊弓之鸟
　　管中窥豹　噤若寒蝉
　　攀龙附凤　门可罗雀

　　B组：
　　鹤立鸡群　鸡犬不宁
　　城狐社鼠　狼狈为奸
　　豺狼虎豹　指鹿为马
　　狗彘不若　走马观花
　　对牛弹琴　虎虎生风

48. 龙飞凤舞　龙肝凤髓
　　龙马精神　暴腮龙门
　　龙潭虎穴　龙骧虎步
　　龙骧虎视　龙眉凤目
　　龙吟虎啸　龙章凤姿
　　龙争虎斗　望子成龙
　　龙马精神　来龙去脉
　　老态龙钟　画龙点睛
　　龙蟠虎踞　龙潭虎穴
　　画龙点睛　望子成龙
　　攀龙附凤　麟凤龟龙
　　藏龙卧虎

　　　　　　降龙伏虎　心猿意马
　　　　　　蛇鼠一窝　囊萤映雪
　　　　　　群蚁溃堤　飞蛾扑火
　　　　　　寒蝉僵鸟　跛鳖千里
　　　　　　如鱼得水　照猫画虎
　　　　　　黔驴技穷　窥豹一斑
　　　　　　百鸟朝凤　鸦雀无声

49. 风雨连床　毋庸置疑
　　勇往直前　实事求是
　　公正廉明　春回大地
　　蹉跎岁月　蜂拥而上
　　鼠目寸光　冷若冰霜
　　不胜枚举　眼高手低
　　百尺竿头　事到临头
　　东张西望　极智穷思
　　耳聪目明　安然如故
　　披星戴月　衣锦还乡

50.
　　白日依山尽。（唐·王之涣《登

鹳雀楼》）——下落不明

不识庐山真面目。（宋·苏轼《题西林壁》）——身临其境

春蚕到死丝方尽，蜡炬成灰泪始干。（唐·李商隐《无题》）——油然而生

藏在深闺人未识。（唐·白居易《长恨歌》）——其貌不扬

黄河之水天上来。（唐·李白《将进酒》）——源远流长

剪不断，理还乱。（南唐·李煜《独上西楼》）——难分难解

两个黄鹂鸣翠柳。（唐·杜甫《绝句》）——有声有色

君王掩面救不得。（唐·白居易《长恨歌》）——爱莫能助

卷我屋上三重茅。（唐·杜甫《茅屋为秋风所破歌》）——风吹草动

青山遮不住，毕竟东流去。（宋·弃疾《菩萨蛮·书江西造口壁》）——水落石出

是进亦忧，退亦忧。（宋·范仲淹《岳阳楼记》）——乐在其中

桃花潭水深千尺。（唐·李白《赠汪伦》）——无与伦比

同行十二载，未知木兰是女郎。（《木兰诗》）——眼花缭乱

问君能有几多愁。（南唐·李煜《虞美人》）——对答如流

夜久语声绝。（唐·杜甫《石壕吏》）——不明不白

于无声处听惊雷。（唐·龚自珍《己亥杂诗》）——不同凡响

欲穷千里目，更上一层楼。（唐·王之涣《登鹳雀楼》）——高瞻远瞩

朝辞白帝，暮至江陵。（北魏·郦道元《水经注》）——一日千里

第六章　语言文字

　　修辞就是在使用语言的过程中，利用多种语言手段以收到尽可能好的表达效果的一种语言活动。而关联词则能够表达更为丰富而准确的句意。

1. 关联词　‖分数：2分

在括号里填上恰当的关联词。

1. 妹妹（　）年纪小，（　）很懂事。

2. （　）水浪一个接一个打着，漩涡一个接一个，竹排（　）在激流中前进。

3. （　）我们团结一致，同心协力，祖国的四个现代化（　）一定能早日实现。

4. （　）英雄树高大挺直，是英雄的象征，（　）我喜欢英雄树。

2. 关联词语　‖分数：2分

补充成语或歇后语。

一夫当关_____

聪明一世_____

路遥知马力_____

姜太公钓鱼_____

张飞穿针_____

外甥打灯笼_____

3. 关联词语填空　‖分数：2分

请用关联词语填空。

（1）（　）今天下雨，（　）运动会照常举行。

（2）（　）今天下雨，（　）运动会延期举行。

（3）（　）明天下雨，运动会（　）照常举行。

（4）（　）明天下雨，运动会（　）延期举行。

4. 正确的关联词　‖分数：2分

下列关联词语用得不正确的是（　）。

A. 只有全心全意地为同学服务，才能受到同学们的尊敬。

B. 只要上课认真听讲，就能取得好成绩。

C. 尽管你脑袋灵得很，如果不认真学习，还是得不到好成绩。

D. 不管风霜雨雪，小明总是天天早起锻炼身体。

5. 关联词语　‖分数：2分

依次填入括号内的关联词语最恰当的一组是（　）。

一个猎人，（　）他打扮得十分威武，（　）为人十分胆小。（　）他的妻子常常劝他要挺起胸膛，鼓起勇气做人。猎人说："（　）你这样劝我，（　）我也没有办法把我的胆子加大呀！"

A. 虽然、但是、因此、尽管、可是

B. 虽然、但是、因为、尽管、可是

C. 尽管、还是、所以、虽然、但是

D. 尽管、还是、因此、虽然、但是

6. 填写关联词（一）　‖分数：2分

在下面括号里填入适当的关联词语。

1.（　）风吹雨打，我们（　）坚持到校学习。

2.（　）雨再大，路再滑，我们（　）要按时报到。

3.（　）怎么拥挤，他（　）能挤过去。

4. 四合院的房子与房子之间，（　）相互连接，（　）各自分开，有分有合。

5. 这个橡皮（　）我的，（　）小健的。

6. 这样的住宅（　）有些拥挤、杂乱，（　）非常适合人与人之间的交流。

7.（　）水再上涨，江堤（　）有危险。

8.（　）困难再大，我们（　）要坚持上学。

9.（　）明天天晴，秋游（　）按期举行。

10. 世界上的事物（　）有简单的联系，（　）有不少复杂的联系。

11. 诚实是美德，（　）做什么，（　）要讲老实话，办老实事。

12.（　）靠别人，（　）

靠自己。

13. 做事（　　）坚持不懈，（　　）成功。

14. 我（　　）写完了作业，（　　）做了些课外题。

15. 为了祖国边疆的安全，（　　）忍受寂寞，（　　）是值得的。

7. 填写关联词（二）　分数：2分

在下面括号里填入适当的关联词语。

1. （　　）时间是宝贵的，（　　）我们要加倍珍惜时间。

2. （　　）河道纵横交叉，（　　）小艇成了主要的交通工具。

3. 小艇（　　）速度非常快，（　　）还能做急转弯。

4. 书（　　）读得很多，（　　）不会灵活运用是不行的。

5. 读了这个故事，大家（　　）知道了许多海洋的奥秘，（　　）激发了探索科学的兴趣。

6. （　　）遇到阴雨天气见不到太阳，国旗（　　）依然按日出时间高高地升起在天安门广场。

7. （　　）知识的海洋是无边无际的，（　　）学无止境。

8. （　　）人人讲究文明卫生，我们的环境（　　）会更好。

9. （　　）前面的东西没有领会，（　　）不要着急学后面的东西。

10. 我（　　）热爱自己的家乡，（　　）那是我生长的地方。

11. （　　）你工作忙，（　　）不要来了。

12. （　　）调换一下出场顺序，（　　）能转败为胜。

13. （　　）他不一定能来，我们（　　）要通知他。

14. 这里的花（　　）很多，（　　）没有奇花异草。

15. 鲁迅先生（　　）爱惜自己的时间，（　　）爱惜别人的时间。

8. 填写关联词（三） ‖ 分数：2分

在下面括号里填入适当的关联词语。

1. （　　）天气很冷，爷爷（　　）要坚持早锻炼。
2. （　　）困难有多大，我们（　　）能克服。
3. （　　）你答应找小兰一起去看画展，（　　）应该准时去找他。
4. 我（　　）知道这件事情，（　　）并不了解事情的全过程。
5. （　　）你去，（　　）他去，总得有一个人去。
6. （　　）多读多练，（　　）会提高作文水平。
7. 我们的教室（　　）宽敞（　　）明亮。
8. 现在我们的生活水平（　　）有了提高，（　　）还要注意节约。
9. （　　）走到天涯海角，我（　　）不会忘记自己的祖国。
10. （　　）工作再忙，他每天晚上（　　）挤出时间学习英语。
11. （　　）我做了充分准备，（　　）这次试验没有成功。
12. （　　）石块有多重，小草（　　）要从下面钻出来。
13. （　　）这种草，（　　）是坚韧的草。

14. 一场大雪过后，孩子们在雪地上（　　）堆雪人，（　　）打雪仗。
15. 他们是那么平凡，那么朴实，那么纯真，（　　）那么谦虚。

9. 适当的关联词 ‖ 分数：2分

在括号里填上适当的关联词。

(1) 今天，我们中国孩子（　　）生活在和平环境中，（　　）世界并不太平，不少地区还弥漫着战争的硝烟，罪恶的子弹还威胁着娇嫩的"和平之花"。

(2)（　　）太空蔬菜抗病力强，（　　）在生长过程中很少使用农药。

(3)（　　）食用，太空归来的这些特殊乘客（　　）有很多用武之地呢！

10. 补充关联句　∥分数：2分

把下列句子补充完整：

（1）这台空调虽然体积不大，（　　）。

（2）只要你做的事对人民有益，（　　）。

（3）星期天，你是去公园，（　　）。

（4）小明的爸爸（　　），还会修汽车。

（5）尽管成亮学习十分努力，（　　），才能取得优异的成绩。

11. 关联句子　∥分数：2分

用关联词语将下面每组的两个句子连成一句。

（1）她是我的妈妈。她是我的老师。

（2）这次考试先考语文。这次考试先考数学。

（3）明天下午你来。明天下午我们照样去演出。

（4）我仔细观察了兔子的生长情况。我了解兔子的习性。

12. 关联词连句　∥分数：2分

用关联词语把下面两句话连起来。

（1）我的成绩在班级里名列前茅。我不能骄傲。

_____

（2）这本书写得太精彩了。我把这本书一连看了三遍。

_____

（3）董存瑞牺牲自己。董存瑞要炸毁暗堡。

_____

（4）做个好猎手要枪法好。做个好猎手要机智、勇敢。

_____

（5）你每天坚持早锻炼。你的身体素质会得到提高。

_____

13. 关联词填句　∥分数：2分

选择下面的关联词语，填在句子中。

既……又……　不是……而是……　一方面……一方面……

因为……所以……　既然……就……　因此……　之所以……是因为……

只要……就……　只有……才……　无论……都……

不管……总……

虽然……但是……　尽管……还是……

如果……就……　即使……也……　要是……就……

不是……就是……　是……还是……　与其……不如……

宁可……也不……

不但……而且……　不仅……还……

(1) 我们（　　）把轮船停在港口，（　　）冒着狂风暴雨前进。

(2) （　　）从小学好本领，（　　）更好地为国家建设出力。

(3) 小王的学习（　　）有进步，是（　　）老师和同学的帮助。

(4) 妈妈（　　）工作，（　　）参加进修学习。

(5) 鲁迅（　　）是伟大的文学家，（　　）是伟大的思想家和革命家。

(6) （　　）明天下雨，我们（　　）要去探望李老师。

(7) （　　）长城是那样雄伟壮丽，（　　）吸引了很多游客。

(8) 一滴水（　　）很小很小，（　　）无数滴水汇集起来，就可以形成江河湖海。

14. 巧填关联词（一）　∥分数：2分

选择恰当的关联词填在下面的句子中。

不但……而且……　如果……就……　因为……所以……

之所以……是因为……　既……又……　即使……也……

1. （　　）不注意用眼卫生，（　　）会影响你的视力。

2. 人藏在地道里，（　　）不气闷，（　　）不嫌暗。

3. 音乐（　　）能给人美的享受，（　　）能陶冶人的情操。

4. 作物（　　）能生长，（　　）土壤里含有水分和养料。

15. 巧填关联词（二） ‖分数：2分

选择恰当的关联词填在下面的句子中。

因为……所以…… 如果……就…… 只有……才……

虽然……但是…… 不是……就是…… 无论……都……

1. 花（　　）多，（　　）没有奇花异草。

2. （　　）我是少先队员，（　　）更要处处严格要求自己。

3. 我和小玲每天上学都一起，（　　）我叫她。（　　）她叫我。

16. 巧填关联词（三） ‖分数：2分

选择恰当的关联词填在下面的句子中。

无论……都…… 只要……就…… 尽管……还是…… 宁可……也不…… 只有……才…… 不但……而且……

1. （　　）天下着大雨，他（　　）坚持送老大爷回家。

2. 老师（　　）重视提高我们的文化素质，（　　）重视提高我们的思想素质。

3. （　　）尊重别人，（　　）会得到别人尊重。

4. （　　）遇到什么困难，他（　　）不灰心。

17. 关联词填空 ‖分数：2分

请在括号中填入适当的关联词语。

1. 我非常喜欢音乐，每天（　　）到家，（　　）打开收音机听音乐。

2. （　　）是他错了，你（　　）不能打他呀！

3. 我们（　　）留下来补作业，（　　）能按时完成。

4. 我们（　　）写得慢一点，

（　　）要把字写工整。

5. 武松（　　）把老虎打死，（　　）被老虎吃掉。

6. （　　）这块琥珀里有一只苍蝇和一只蜘蛛，（　　）我们可以断定在远古时代，世界上就早已有了苍蝇和蜘蛛。

7. 詹天佑（　　）是杰出的工程师，（　　）是爱国的工程师。

8. （　　）桑娜不把西蒙的孩子抱回来，那么那两个孩子（　　）会死去。

9. （　　）卖火柴的小女孩饥寒交迫，（　　）想到了火炉和烤鹅。

10. 桑娜抱回孩子后（　　）忐忑不安，（　　）没有跟丈夫商量。

11. （　　）这道题很简单，（　　）要认真对待，不能粗心大意。

12. 语文课上，我们（　　）要理解课文，（　　）要掌握理解的方法。

13. （　　）要有丰富的想象力，（　　）要有先进的科学知识，这样才能制作出马踏飞燕这样的艺术珍品。

14. （　　）你说得对，我们（　　）改正。

18. 谁是比喻句　∥分数：2分

下面的句子属于比喻句的是（　　）

（1）我像只无头的苍蝇，到处乱钻，衣裤上挂满了芒刺。

（2）老师是园丁，我们是花朵。

（3）他走路的样子很像我爸爸。

（4）一阵风吹来，树上的梨儿像在对我们点头微笑。

19. 修辞手法　∥分数：2分

下列各组修辞判断全部正确的一组是（　　）。

（1）准是怕别的东西伤害了它的"宝宝"吧！

（2）荷叶出水很高，像亭亭的舞女的裙。

（3）延安的歌声……它是黑夜的火把，雪天的煤炭，大旱的甘霖。

(4) 我呢，我难道没有应该责备的地方吗？

(5) 一个浑身黑色的人，站在老栓面前，眼光像两把刀，刺得老栓缩小了一半。

A. (1) 比喻　　(2) 拟人
　　(3) 排比　　(4) 反问
　　(5) 夸张

B. (1) 拟人　　(2) 比喻
　　(3) 排比　　(4) 反问
　　(5) 夸张

C. (1) 拟人　　(2) 拟人
　　(3) 比喻　　(4) 设问
　　(5) 比喻

D. (1) 比喻　　(2) 比喻
　　(3) 比喻　　(4) 设问
　　(5) 比喻

20. 修辞判断　　‖分数：2分

对下列句子所用修辞的判断，错误的一项是（　　）。

A. 这一池秋水犹如一面明镜。（比喻）

B. 删繁就简三秋树 领异标新二月花（对偶）

C. 谁乘"神五"游太空？唯有英雄杨利伟。（反问）

D. 索溪像是一个从深山中蹦跳而出的野孩子，一会儿缠绕着山奔跑，一会儿撅着屁股，赌着气又自个儿闹去了。（拟人）

21. 找语病　　‖分数：2分

下列句子没有语病的一句是（　　）。

A. 经过这次旅游，让我大开了眼界。

B. 北京博物馆展出了二百万年前新出土的黄河象化石。

C. 《忆铁人》一文反映了铁人关心群众，勇于承认错误，严于律己。

D. 大量事实告诉我们，要想自己成为祖国的栋梁，必须刻苦，勤奋，再刻苦，再勤奋！

22. 挑语病　‖ 分数：2分

下列句子没有语病的一项是（　）。

（1）为了避免今后不再犯同样的错误，我们应当好好订正这道题。

（2）从这套厚厚的知识丛书中，使我获得了不少的课外知识。

（3）学习是否勤奋，是取得好成绩的重要条件。

（4）标点用得恰当，不仅能准确地表达文章的内容，在一定的语境里，还能代替文字直接表达人们的思想感情。

23. 修改下列病句　‖ 分数：2分

修改下面的病句。

1．清早，校门打开后，平静的校园马上热闹起来。

2．美丽的校园中长着串红、月季、塔柏、马尾松等各种树木。

3．对于父母的关心和爱护，我终生一辈子都不会忘记。

4．这是一盆完全开放的盛开的杜鹃花，美丽极了。

5．这是一天愉快的，给我留下了深刻的印象。

24. 没有语病的句子　‖ 分数：2分

下列各句中，没有语病的一句是（　）。

A．《国家通用语言文字法》是我国第一部关于语言文字工作的专门法律，第一次以法律形式确定了普通话和规范汉字作为国家通用语言文字的法律。

B．若想让孩子长成有用之才，家庭和学校教育首先应将孩子的自立精神培养放在首位。

C．2001年2月19至20日，国际奥委会评估团官员相继抵京，从而开始了对2008年夏季奥运会申办城市全面评估的序幕。

D．"十五"计划，把改革开放和科技进步作为动力，把提高人民生活水平作为根本出发点。

25. 只修改一处　‖分数：2分

不改变原意，在原句上修改，每句限改一处。

①最近各大媒体关于震惊中国足坛的"黑哨事件"都作了详细报道。

②《消费者权益保护法》深受广大消费者欢迎，因为它强化了人们的自我保护水平，使消费者权益得到最大限度的保护。

26. 不当的通知　‖分数：2分

读下面通知，指出不当的四处。

通知

我校将举办2008年新版科技图书资料展览，从5日至10日下午开放，欢迎广大师生参观。

此致。敬礼！

实验小学图书馆

(1) _____
(2) _____
(3) _____
(4) _____

27. 病句修改（一）　‖分数：2分

1. 他办事总是犹豫不决，一点也不武断。

2. 在会上，纷纷发表了自己的意见。

3. 我们要不断地改正工作方法，提高工作效率。

4. 春天来了，稻子也熟了，田野里一片金黄。

5. 他这次没有考好，难过得流下了伤心的眼泪。

6. 老师把小红和小敏喊到跟前，对她说："上课要积极发言。"

7. 爸爸从市场买回了茄子、苹果、豆角、西红柿等蔬菜。

8. 佳佳基本上把老师布置的作业全部做完了。

9. 星期天，我穿上洁净的衣服，把脏衣服脱下来。

10. 大家的眼睛都集中到主席台上。

11. 黄继光不但壮烈牺牲了而且他永远活在我们心中。

12. 小芳和小玲商定，明天上午她到她家去借书。

28. 病句修改（二）　‖ 分数：2分

1. 同学们正全神贯注、专心致志地听老师讲课。

2. 数学作业他都做完了，只剩下最后一道题还没有算出得数来。

3. 遭到毒打，他又一次悲惨地死去了。

4. 卖火柴的小女孩的一双手几乎完全冻僵了。

5. 游泳运动员打破了一次又一次的世界纪录。

6. 《卖火柴的小女孩》的作者是丹麦作家安徒生写的。

7. 今天上午，我们在郊外活动了一天。

8. 我们要树立建设祖国的雄心壮志和过硬本领。

9. 雷锋叔叔为人民服务，永远激励着我们前进。

10. 学校的体育室摆满了足球、地球仪、排球、篮球、哑铃等体育器材。

29. 句修改（三）　‖ 分数：2分

1. 我们是小学六年级的学生，已经将要小学毕业了。

2. 桌子上放着尺子和钢笔，这是他的，那是我的。

3. 我们必须认真克服并善于发现工作中的缺点。

4. 我们要继承和发扬老一辈的革命事业。

5. 我们伟大的祖国在社会主义康庄大道上。

6. 老班长端来热气腾腾的一碗鱼汤。

7. 他不但改正了错误，而且接受了大家的批评。

8. 我们要用实际行动贯彻推广普通话的号召。

9. 校长召集全校老师和各班班主任开会。

10. 看了《狼牙山五壮士》这部电影，使我很受教育。

11. 泰山是我国的五大名山。

12. 我买了钢笔、尺子、橡皮和文具就急忙赶回家。

30. 病句修改（四） ‖分数：2分

1. 联欢会上，同学们唱了许多动听的歌和舞蹈。

2. 言行不一是一种极坏的。

3. 大家都讲卫生，健康和疾病就有了保证。

4. 同学们都要树立起爱护公共财物的良好习惯。

5. 由于清王朝腐败无能，大量珍贵的文物和土地被帝国主义分子掠走。

6. 我国的艺术珍品很多，莫高窟中精美的壁画就是仅有的一个。

7. 尽管天气不好，我们总是按时到校。

8. 我回想起过去的往事。

9. 我不禁忍不住为王民精彩的表演而喝彩。

10. 沿街摆满了莴笋、韭菜、鸡鸭和农副产品。

11. 小明不但认真学习，而且成绩很好。

12. 平静的湖，一只小船迎着狂风向岸边驶来。

13. 今天是第一天开学，他穿戴的都是新衣服。

14. 在老师的帮助下，小明终于克服了难处。

15. 10月13日，终于戴上了红领巾。

31. 病句修改（五） ‖分数：2分

1. 老师用和蔼的语气和慈祥的目光注视着我们。

2. 小明聚精会神专心致志地听老师讲课。

3. 这个问题引起了大家的沉醉。

4. 刘老师光荣地被评为"模范班主任"的称号。

5. 《上下五千年》这套书，看过后增长了不少知识。

6. 中队长交给我的任务，已经顺利地实行了。

7. 万里长城、故宫博物院和南京长江大桥都是中外闻名的古建筑。

8. 我们要运用和理解学过的词语。

9. 半个学期来,我的语文知识提高了。

10. 实施素质教育后,我们课外阅读的数量明显提高了。

11. 看那熟练的动作,他大概肯定是个专业运动员。

12. 大雁塔附近的曲江游览区风景很美观。

13. 小刚数学考试得了100分,老师的脸上露出欣慰的欢笑。

14. 雨哗哗地下着,淋得像落汤鸡一样。

32. 排列句子　‖分数:2分

把下面排列错乱的句子,按顺序连成条理清楚的一段话。(在括号中标序号)

(　) 他又说道:"我们中国人一定要搞清楚自己的历史,搞文学的人不搞清我们的历史更不行。"

(　) 相反,他几次问我各科学习成绩怎么样。我说我连续几年获得优良奖章,文科理科学习成绩都还不错。

(　) 我知道这是对我的批评,也是对我的希望。

(　) 他说道:"这样好!爱好文学的人不要只读文科的书,一定要多读各科的书。"

(　) 想来有趣,那一下午,叶老先生没谈我那篇获奖的作文,也没谈写作。他没有向我传授什么文学创作的秘诀、要素或指南之类。

(　) 他又让我背中国历史朝代,我没有背全,有的朝代顺序还背颠倒了。

33. 按要求改句子　‖分数:2分

这个人连穿衣服还不会呢,怎么谈得上伟大?

改成陈述句:＿＿＿＿＿＿

34. 改为比喻句　‖分数：2分

将以下的句子改为比喻句。

海燕在高傲地飞翔。

_____

35. 修改病句　‖分数：2分

①观看着优美的舞蹈和悦耳的音乐，大家高兴极了。

②我校分别在教室里和球场上举行篮球比赛和智力竞赛。

36. 句子排队　‖分数：2分

请将下列句子排列正确的顺序填入括号中。

（　）是不是只欣赏那娇美清香的花朵，赞美那生机勃勃的小草？

（　）每当你出去旅游时，是不是只注意那苍翠挺拔的参天古木？

（　）所以，泥土是一切之源，它默默地为人类奉献自己。

（　）但是如果没有泥土，哪来的花草树木，哪来的人类生物呢？

（　）你也许不会注意它，因为它是那么平凡，那么没有吸引力。

（　）你注意过那藏着植物根基的泥土吗？

37. 缩写句子　‖分数：2分

"我看到了他那乱蓬蓬的长头发下面的平静而慈祥的脸。"这句话缩写到最简程度的一句是（　）。

A. 我看到了长头发下面的脸。

B. 我看到了他。

C. 我看到了他的脸。

D. 我看到了脸。

38. 正确缩句　‖分数：2分

下列四个句子缩句，全部正确

的一组是（　）。

（1）东郭先生牵着毛驴在路上走。

（2）每年入冬，成千上万、五光十色的蝴蝶，就像候鸟迁徙一样浩浩荡荡地飞进蝴蝶谷过冬。

（3）微波粼粼的海面上，霎时间洒遍了银光。

（4）鹤发童颜的老奶奶笑得合不拢嘴。

A.（1）先生走。（2）蝴蝶飞进谷过冬。（3）微波洒遍银光。（4）奶奶笑得合不拢嘴。

B.（1）东郭先生牵着毛驴走。（2）蝴蝶飞进蝴蝶谷过冬（3）海面上洒遍银光。（4）老奶奶笑。

C.（1）东郭走。（2）蝴蝶飞进蝴蝶谷。（3）海面上洒遍银光。（4）老奶奶合不拢嘴。

D.（1）东郭先生牵着毛驴走。（2）蝴蝶过冬。（3）微波洒遍银光。（4）奶奶笑。

39. 扩充句子　‖分数：2分

仿照句子扩充句子。

例：同学们（兴致勃勃）地观看演出。

（1）汽车（　）向前奔驰。

（2）战士们（　）守卫边疆。

（3）老师（　）讲故事。

（4）猴子（　）爬上了高高的竿顶。

例：（崭新的）机器（日夜不停地）制造零件。

（5）（　）喜讯（　）传到学校。

（6）（　）列车（　）穿过山谷。

（7）（　）春风（　）吹遍大地。

（8）（　）人们（　）挥舞着鲜花。

40. 扩写句子　‖分数：2分

（1）爸爸是工人。扩句：

（2）我制订学习计划。扩句：

（3）这是棉袄。扩句：

（4）星星在天空闪烁。扩句：

（5）太阳升起来了。扩句：

（6）柳条划动着水面。扩句：

41. 排列句序 ‖ 分数：2 分

下列是排列错乱的段落，顺序合理的答案应是（ ）。

（1）他吃得非常痛快，一点儿也没有怪我们请他太迟的意思。

（2）在下午六点钟的时候，他果然来了。

（3）他不仅会种桃子，而且还会品尝桃子的滋味。

（4）他把桃子放在袖口上擦了两下，就坐在院子中央的一条凳子上吃起来。

（5）当说明了我们的意思以后，他就欣然地走到桃树下，轻轻地把手伸向桃子，桃子于是便自动地落到他的巴掌心里，好像专门等他来摘似的。

（6）相反的，从他品尝桃子滋味的表情来看，倒似乎是在夸奖我们的种植技术呢——他丝毫没有想到这种技术完全是他传授给我们的。

（7）他是一个朴实而又热心的人，随便什么时候去请他，总是不会推却的。

A．（7）（2）（5）（3）（4）（1）（6）
B．（7）（2）（5）（4）（3）（1）（6）
C．（2）（5）（3）（4）（1）（6）（7）
D．（3）（7）（2）（5）（4）（1）（6）

42. 修改句子 ‖ 分数：2 分

仿照例句，修改句子。

例：你们不能这样做。
你们怎么能这样做呢？

（1）淤泥承受不住这样重的老象。

（2）文尔内看到主人倒下，发疯似的扑到凶手身上。

43. 仿例造句 ‖ 分数：2 分

仿照例句写句子。

例：假如我是春雨，我将滋润大地万物。

1．假如我是树林，我

将_____。

2. 假如我是大海，我将_____。

3. 假如我是___，我将_____。

4. 假如我是___，我将_____。

44. 将句子补完整　‖分数：2分

例句：急忙打开书，一页，两页，我像一只饿狼，贪婪地读着。

1. 小红英听到获奖的喜讯，笑颜一展，就像_____。

2. 小明双手一攀，跃上竿顶，就像_____。

3. 湖面上一丝风都没有，小船停泊在湖中，阳光照着湖面，远远望去，湖水像 。

45. 按要求造句　‖分数：2分

按要求写句子。

（1）写一个表现母爱的句子，用上"无微不至"。

（2）请以"日出"为内容，写一个比喻句和拟人句。

比喻句：

拟人句：

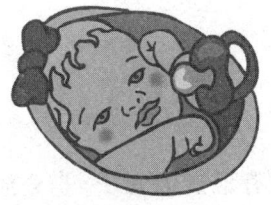

46. 一句多义（一）　‖分数：2分

有些句子由于离开了一定的语言环境，或停顿的地方不同，可以表示不同的意思，请你写出下面这句话的三种不同意思。

我扶你走吧。

A：

B：

C：

47. 一句多义（二） ‖ 分数：2分

张叔叔刚刚收到儿子的电文："船已行二日即到。"电文中表达了什么意思呢？

甲说："   "

乙说："   "

丙说："   "

48. 没有语病的句子 ‖ 分数：2分

下列句子中没有语病的是哪一句呢？

A. 我们必须认真克服、随时发现工作中的缺点。

B. 止咳去痰片，它里边的主要成分是桔梗、贝母、氯化铵等配置而成的。

C. 中国人民正在努力为建设一个现代化的社会主义强国。

D. 通过这次活动，我们受到了很大的教育。

49. 有趣的句子 ‖ 分数：2分

汉语的句意有些是不确定的，例如"商店关门了"可以理解为"商店下班了""商店倒闭了"等。判断下面一句，把你的几种理解写下来。

"这是买苹果的篮子"

50. 句变意不变 ‖ 分数：2分

下列句子形式改变后意思不同的一组是（　　）。

A. 这件事你得告诉他。B. 没有谁不被山城的夜景所迷住。

这件事你非告诉他不可。有谁不被山城的夜景所迷住？

C. 学习语文要下工夫。D. 这件事容易做好。

学习语文不能不下工夫。这件事不容易做好。

答案部分：

第六章 语言文字

1. 1. 妹妹虽然年纪小，但是很懂事。
   2. 尽管水浪一个接一个打着，漩涡一个接一个，竹排还是在激流中前进。
   3. 只要我们团结一致，同心协力，祖国的四个现代化就一定能早日实现。
   4. 因为英雄树高大挺直，是英雄的象征，所以我喜欢英雄树。

2. 一夫当关　万夫莫开
   聪明一世　糊涂一时
   路遥知马力　日久见人心
   姜太公钓鱼　愿者上钩
   张飞穿针　粗中有细
   外甥打灯笼（找舅）照旧

3. （1）虽然今天下雨，但是运动会照常举行。
   （2）因为今天下雨，所以运动会延期举行。
   （3）即使明天下雨，运动会也照常举行。
   （4）如果明天下雨，运动会就延期举行。

4. C

5. A

6. 1. （尽管）风吹雨打，我们（仍然）坚持到校学习。
   2. （即使）雨再大，路再滑，我们（也）要按时报到。
   3. （不管）怎么拥挤，他（都）能挤过去。
   4. 四合院的房子与房子之间，（既）相互连接，（又）各自分开，有分有合。
   5. 这个橡皮（不是）我的，（就是）小健的。
   6. 这样的住宅（虽然）有些拥挤、杂乱，（但是）非常适合人与人之间的交流。
   7. （如果）水再上涨，江堤（就）有危险。
   8. （即使）困难再大，我们（也）要坚持上学。
   9. （如果）明天天晴，秋游

（就）按期举行。

10. 世界上的事物（既）有简单的联系，（也）有不少复杂的联系。

11. 诚实是美德，（不管）做什么，（都）要讲老实话，办老实事。

12. （与其）靠别人，（不如）靠自己。

13. 做事（只有）坚持不懈，（才能）成功。

14. 我（不仅）写完了作业，（还）做了些课外题。

15. 为了祖国边疆的安全，（即使）忍受寂寞，（也）是值得的。0

7. 1. （因为）时间是宝贵的，（所以）我们要加倍珍惜时间。

2. （因为）河道纵横交叉，（所以）小艇成了主要的交通工具。

3. 小艇（不仅）速度非常快，（而且）还能做急转弯。

4. 书（虽然）读得很多，（但是）不会灵活运用是不行的。

5. 读了这个故事，大家（不仅）知道了许多海洋的奥秘，（而且）激发了探索科学的兴趣。

6. （即使）遇到阴雨天气见不到太阳，国旗（也）依然按日出时间高高地升起在天安门广场。

7. （因为）知识的海洋是无边无际的，（所以）学无止境。

8. （只有）人人讲究文明卫生，我们的环境（才）会更好。

9. （如果）前面的东西没有领会，（就）不要着急学后面的东西。

10. 我（之所以）热爱自己的家乡，（是因为）那是我生长的地方。

11. （如果）你工作忙，（就）不要来了。

12. （只要）调换一下出场顺序，（就）能转败为胜。

13. （即使）他不一定能来，我们（也）要通知他。

14. 这里的花（虽然）很多，（但是）没有奇花异草。

15. 鲁迅先生（不仅）爱惜自己的时间，（而且）爱惜别人的时间。

8. 1. （即使）天气很冷，爷爷（也）要坚持早锻炼。

2. （无论）困难有多大，我们

（都）能克服。

3. （如果）你答应找小兰一起去看画展，（就）应该准时去找他。

4. 我（虽然）知道这件事情，（但是）并不了解事情的全过程。

5. （不是）你去，（就是）他去，总得有一个人去。

6. （只要）多读多练，（就）会提高作文水平。

7. 我们的教室（既）宽敞（又）明亮。

8. 现在我们的生活水平（虽然）有了提高，（但是）还要注意节约。

9. （即使）走到天涯海角，我（也）不会忘记自己的祖国。

10. （即使）工作再忙，他每天晚上（也）挤出时间学习英语。

11. （虽然）我做了充分准备，（但是）这次试验没有成功。

12. （无论）石块有多重，小草（都）要从下面钻出来。

13. （只有）这种草，（才）是坚韧的草。

14. 一场大雪过后，孩子们在雪地上（不是）堆雪人，（就是）打雪仗。

15. 他们是那么平凡，那么朴实，那么纯真，（而且）那么谦虚。

9. （1）今天，我们中国孩子（虽然）生活在和平环境中，（但是）世界并不太平，不少地区还弥漫着战争的硝烟，罪恶的子弹还威胁着娇嫩的"和平之花"。

（2）（因为）太空蔬菜抗病力强，（所以）在生长过程中很少使用农药。

（3）（除了）食用，太空归来的这些特殊乘客（还）有很多用武之地呢！

10. （1）这台空调虽然体积不大，但是耗电很多。

（2）只要你做的事对人民有益，你就可以放手去做。

（3）星期天，你是去公园，还是去补习班？

（4）小明的爸爸不仅会修电视，还会修汽车。

（5）尽管成亮学习十分努力，但还是要找到好的方法，才能取得优异的成绩。

11. （1）她不但是我的妈妈，还是我的老师。

（2）这次考试不是先考语文，就是先考数学。

（3）明天下午即使你来，我们也照样去演出。

（4）因为我仔细观察了兔子的生长情况，所以我了解兔子的习性。

12. （1）虽然我的成绩在班级里名列前茅，但我不能骄傲。

（2）因为这本书写得太精彩了，所以我把这本书一连看了三遍。

（3）董存瑞之所以牺牲自己，是为了要炸毁暗堡。

（4）做个好猎手不仅要枪法好，还要机智、勇敢。

（5）只要你每天坚持早锻炼，你的身体素质就会得到提高。

13. （1）我们（与其）把轮船停在港口，（不如）冒着狂风暴雨前进。

（2）（只有）从小学好本领，（才）更好地为国家建设出力。

（3）小王的学习（之所以）有进步，是（因为）老师和同学的帮助。

（4）妈妈（一方面）工作，（一方面）参加进修学习。

（5）鲁迅（不仅）是伟大的文学家，（而且）是伟大的思想家和革命家。

（6）（即使）明天下雨，我们（也）要去探望李老师。

（7）（因为）长城是那样雄伟壮丽，（所以）吸引了很多游客。

（8）一滴水（虽然）很小很小，（但是）无数滴水汇集起来，就可以形成江河湖海。

14. 1. （如果）不注意用眼卫生，（就）会影响你的视力。

2. 人藏在地道里，（既）不气闷，（又）不嫌暗。

3. 音乐（不但）能给人美的享受，（而且）能陶冶人的情操。

4. 作物（之所以）能生长，（是因为）土壤里含有水分和养料。

15. 1. 花（虽然）多，（但是）没有奇花异草。

2. （因为）我是少先队员，（所以）更要处处严格要求自己。

3. 我和小玲每天上学都一起，（不是）我叫她，（就是）她叫我。

16. 1. （尽管）天下着大雨，他（还是）坚持送老大爷回家。

2. 老师（不但）重视提高我们的文化素质，（而且）重视提高我们的思想素质。

3. （只要）尊重别人，（就）会得到别人尊重。

4. （无论）遇到什么困难，他（都）不灰心。

17. 1. 我非常喜欢音乐，每天（一）到家，（就）打开收音机听音乐。

2. （即使）是他错了，你（也）不能打他呀！

3. 我们（只要）留下来补作业，（就）能按时完成。

4. 我们（即使）写得慢一点，（也）要把字写工整。

5. 武松（不是）把老虎打死，（就是）被老虎吃掉。

6. （因为）这块琥珀里有一只苍蝇和一只蜘蛛，（所以）我们可以断定在远古时代，世界上就早已有了苍蝇和蜘蛛。

7. 詹天佑（不仅）是杰出的工程师，（而且）是爱国的工程师。

8. （如果）桑娜不把西蒙的孩子抱回来，那么那两个孩子（就）会死去。

9. （因为）卖火柴的小女孩饥寒交迫，（所以）想到了火炉和烤鹅。

10. 桑娜抱回孩子后（因为）忐忑不安，（所以）没有跟丈夫商量。

11. （虽然）这道题很简单，（但是）要认真对待，不能粗心大意。

12. 语文课上，我们（不仅）要理解课文，（而且）要掌握理解的方法。

13. （既）要有丰富的想象力，（又）要有先进的科学知识，这样才能制作出马踏飞燕这样的艺术珍品。

14. （如果）你说得对，我们（就）改正。

18. （1）

19. B
20. C，应为疑问。
21. A
22. (4)
23. 1. 清早，校门打开后，寂静的校园马上热闹起来。
    2. 美丽的校园中长着串红、月季、塔柏、马尾松等各种花草树木。
    3. 对于父母的关心和爱护，我终生都不会忘记。
    4. 这是一盆盛开的杜鹃花，美丽极了。
    5. 这是愉快的一天，给我留下了深刻的印象。
24. D
25. ①最近各大媒体对震惊中国足坛的"黑哨事件"都作了详细报道。
    ②《消费者权益保护法》深受广大消费者欢迎，因为它强化了人们的自我保护意识，使消费者权益得到最大限度的保护。
26. (1) 未说明展览所在的具体地点。
    (2) 未说明具体的展览时间。
    (3) 对展览内容的说法比较模糊，不明确。
    (4) "敬礼!"应另起一行顶头写。
27. 1. 他办事总是犹豫不决，一点也不果断。
    2. 在会上，大家纷纷发表了自己的意见。
    3. 我们要不断地改进工作方法，提高工作效率。
    4. 秋天来了，稻子也熟了，田野里一片金黄。
    5. 他这次没有考好，难过得流下了眼泪。
    6. 老师把小红和小敏喊到跟前，对她们说："上课要积极发言。"
    7. 爸爸从市场买回了茄子、豆角、西红柿等蔬菜。
    8. 佳佳把老师布置的作业全部做完了。
    9. 星期天，我穿上干净的衣服，把脏衣服脱下来。
    10. 大家的目光都集中到主席台上。
28. 1. 同学们正专心致志地听老师讲课。
    2. 数学作业他大多做完了，只剩下最后一道题还没有算出得数来。
    3. 遭到毒打，他悲惨地死去了。

4. 卖火柴的小女孩的一双手完全冻僵了。
5. 游泳运动员一次又一次地打破了世界纪录。
6. 《卖火柴的小女孩》的作者是丹麦作家安徒生。
7. 今天上午，我们在郊外活动。
8. 我们要树立建设祖国的雄心壮志，培养自身过硬本领。
9. 雷锋叔叔为人民服务的事迹，永远激励着我们前进。
10. 学校的体育室摆满了足球、排球、篮球、哑铃等体育器材。
11. 黄继光虽然壮烈牺牲了但是他永远活在我们心中。
12. 小芳和小玲约好，明天上午到小玲家去借书。

29. 1. 我们是小学六年级的学生，将要小学毕业了。
2. 桌子上放着尺子和钢笔，不是他的，就是我的。
3. 我们必须善于发现并认真克服工作中的缺点。
4. 我们要继承老一辈的革命事业。
5. 我们伟大的祖国正走在社会主义康庄大道上。
6. 老班长端来一碗热气腾腾的鱼汤。
7. 他不但接受了大家的批评，而且改正了错误。
8. 我们要用实际行动推广普通话。
9. 校长召集全校老师开会。
10. 看了《狼牙山五壮士》这部电影，我很受教育。
11. 泰山是我国的五大名山之一。
12. 我买了钢笔、尺子和橡皮就急忙赶回家。

30. 1. 联欢会上，同学们唱了许多动听的歌，跳了很多优美的舞蹈。
2. 言行不一是一种极坏的行为。
3. 大家都讲卫生，健康就有了保证。
4. 同学们都要养成爱护公共财物的良好习惯。
5. 由于清王朝腐败无能，大量珍贵的文物被帝国主义分子掠走。
6. 我国的艺术珍品很多，莫

高窟中精美的壁画就是其中的一个。

7. 即使天气不好，我们也总是按时到校。

8. 我回想起过去的事。

9. 我忍不住为王民精彩的表演而喝彩。

10. 沿街摆满了莴笋、韭菜、鸡鸭和各种水果。

11. 小明因为认真学习，所以成绩很好。

12. 平静的湖面上，一只小船迎着微风向岸边驶来。

13. 今天是第一天上学，他穿的是新衣服。

14. 在老师的帮助下，小明终于克服了困难。

15. 10月13日，我终于戴上了红领巾。

31. 1. 老师用和蔼的语气教导我们，用慈祥的目光注视着我们。

2. 小明聚精会神地听老师讲课。

3. 这个问题引起了大家的沉思。

4. 刘老师光荣地被评为"模范班主任"。

5. 《上下五千年》这套书，我看过后增长了不少知识。

6. 中队长交给我的任务，已经顺利地完成了。

7. 万里长城、故宫博物院和南京长江大桥都是中外闻名的建筑。

8. 我们要理解和运用学过的词语。

9. 半个学期来，我的语文水平提高了。

10. 实施素质教育后，我们课外阅读的质量明显提高了。

11. 看那熟练的动作，他肯定是个专业运动员。

12. 大雁塔附近的曲江游览区风景很美。

13. 小刚数学考试得了100分，老师的脸上露出欣慰的笑。

14. 雨哗哗地下着，他淋得像落汤鸡一样。

32. 6、2、4、3、1、5

33. 这个人连穿衣服还不会呢，谈不上伟大。

34. 海燕像黑色的闪电在天空中高傲地飞翔。

35. ①观看着优美的舞蹈，聆听着悦耳的音乐，大家高兴极了。

②我校分别在教室里和球场上举行智力竞赛和篮球比赛。

36. 2、1、6、5、4、3
37. C
38. B
39. (1) 飞快地
    (2) 英勇地
    (3) 认真地
    (4) 灵活地
    (5) 振奋人心的 迅速地
    (6) 长长的 急速地
    (7) 温暖的 一夜间
    (8) 兴高采烈的 不停地
40. (1) 我爸爸是一位勤劳朴实的工人。
    (2) 我仔细制订了假期的学习计划。
    (3) 这是妈妈亲手为我缝制的棉袄。
    (4) 璀璨的星星在一望无际的天空中闪烁。
    (5) 红彤彤的太阳从海平面上缓缓地升起来了。
    (6) 长长的柳条轻轻地划动着水面。
41. B
42. (1) 淤泥怎么能承受得住这样重的老象呢?
    (2) 文尔内看到主人倒下, 怎么能不发疯似的扑到凶手身上呢?

43. 1. 假如我是树林, 我将会绿化环境、净化空气。
    2. 假如我是大海, 我将用宽阔的胸怀包容下无数的生命。
    3. 假如我是阳光, 我将照射每一个角落, 温暖心灵。
    4. 假如我是风, 我将带着一粒粒种子撒满大地。

44. 1. 小红英听到获奖的喜讯, 笑颜一展, 就像绽放的花朵儿, 兴高采烈地去领奖。
    2. 小明双手一攀, 跃上竿顶, 就像一只灵巧的小猴子一样, 自如的运动。
    3. 湖面上一丝风都没有, 小船停泊在湖中, 阳光照着湖面, 远远望去, 湖水像一面镜子, 静静的照耀着。

45. (1) 妈妈对孩子的关怀永远都是那样无微不至。
    (2) 比喻句: 太阳升起来了, 露出了它红红的可爱脸蛋。
    拟人句: 太阳慢慢探出头来,

就像是一个刚睡醒的娃娃。

46. A：我 扶你走吧。（我来扶着你走吧）

   B：我扶你，走吧。（有我扶着你呢，放心走吧）

   C：我扶，你走吧。（我扶着他，你走吧）

47. 甲说："船，已行二日，即到。"（船已经航行两日，即将到达。）

   乙说："船，已行，二日即到。"（船已经开始航行，两日后即到。）

   丙说："船，已行。二日，即到。"（船已经航行。2日，可到达。）

48. D

49. （1）这是买苹果的篮子。（篮子是买苹果的人的）

   （2）这是买苹果的篮子。（篮子是买苹果用的）

50. D

第七章 语文难题

语言是一种社会现象,是人类最重要的交际工具,是进行思维和传递信息的工具,是人类保存认识成果的载体。

1. 巧猜成语 ‖ 分数：2分

根据下列文字各猜一个成语。

(1) 蚊子找蜘蛛

——（　　　）

(2) 螃蟹过街

——（　　　）

2. 填成语，猜谜语 ‖ 分数：2分

先把成语填完整，再把所填的字按顺序连起来作谜面，打一动物。

（　）针引线　（　）上添花
（　）冠禽兽　（　）星戴月
（　）颜薄命　（　）言巧语
（　）苦连天　（　）目了然
（　）东击西　（　）天动地
（　）马奔腾　（　）喻户晓

谜底：这种动物是（　　　）

3. 趣味成语谜题 ‖ 分数：2分

仿照例子，在括号中写出成语。

例：夸父追日，嫦娥奔月——
（远走高飞）

黄梅时节家家雨
——（　　　）

韩信钻胯，项羽扛鼎
——（　　　）

无心插柳柳成荫
——（　　　）

此曲只应天上有
——（　　　）

4. 反义词成语 ‖ 分数：2分

下面的每个成语都缺少了一对反义词，快来开动脑筋填一填吧！

（　）邻（　）舍
（　）来（　）往
（　）同（　）异
（　）新（　）旧
取（　）补（　）
（　）奔（　）跑
积（　）成（　）
（　）惊（　）怪
（　）斩（　）奏
出（　）入（　）

5. 首尾相同的成语 ‖ 分数：2分

请将下面首尾相同的成语补充完整。

精（　）（　）精
神（　）（　）神
痛（　）（　）痛
贼（　）（　）贼

举（ ）（ ）举
防（ ）（ ）防

6．"七""八"成语 ‖分数：2分

　　用"七～八～"的形式，写下表示下列意思的成语：
　　（1）形容大家一起动手，人多手杂。（　　　）
　　（2）形容人多嘴杂，你一句，我一句。（　　　）
　　（3）形容应有的秩序完全混乱。（　　　）
　　（4）形容说话东一句、西一句，杂乱而不着边际。（　　　）

7．"言""语"成语 ‖分数：2分

　　（ ）言（ ）语：很多的话。
　　（ ）言（ ）语：背后散布难听的话。
　　（ ）言（ ）语：说话声音轻柔，语气温和。
　　（ ）言（ ）语：背后散布诽谤之类的话。
　　（ ）言（ ）语：哄骗人的十分动听的话。

8．成语中的口 ‖分数：2分

　　例子：一致的口——有口皆碑
　　不同的口——
　　不隐瞒的口——
　　不敢说的口——
　　不愿承认的口——

9．"手"的成语 ‖分数：2分

　　写出不同意思的关于手的成语。
　　形容敏捷：
　　形容聪颖：
　　形容高兴：
　　形容勤奋：
　　形容凶狠：
　　形容卑鄙：
　　形容高明：

形容利索：
形容惊慌：
形容冷漠：
形容专横：
形容无能：
形容亲密：

12. "虎"字成语 ‖ 分数：2分

下面是关于"虎"字的成语，你能把它们补充完整吗？

10. 能计算的成语 ‖ 分数：2分

小朋友们，下面有一道成语算术题，既要成语都成立，而且算式也要成立。试试看！

平稳 ÷ 面玲珑 = 神无主

头臂 － 心意 = 面楚歌

海为家 ＋ 望无际 = 谷丰登

视同仁 × 更半夜 = 顾茅庐

13. 成语猜谜 ‖ 分数：2分

猜谜语，照样子写出相应的成语。

谜面　　　谜底

如：

画地为牢（故步自封）

零存整取（　　　）

长途电话（　　　）

大雪纷飞（　　　）

草船借箭（　　　）

鹦鹉学舌（　　　）

化装表演（　　　）

翻印底片（　　　）

11. 数字成语 ‖ 分数：2分

用方格外面的"一、十、百、千、万"与表格中的字组成五个成语。你能找到吗？

14. 三国中的成语 ‖ 分数：2分

写出4个与三国故事有关的成语并写出主人公。

_____ _____

15. 成语话孔明 ‖ 分数：2分

你能用几个成语来刻画诸葛亮的形象吗？（至少4个成语）

16. 看叠字填成语 ‖ 分数：2分

（　）凿凿　　（　）噩噩
济济（　）　（　）事事
（　）仆仆　寥寥（　）
星星（　）　（　）腾腾
（　）诺诺　侃侃（　）
（　）尔尔　（　）非非

17. 成语藏诗 ‖ 分数：2分

补充成语，并组成一首诗。
（　）事多磨　（　）过天晴
真（　）灼见　（　）不在来
（　）衣缩食　（　）仁不让
（　）风化雨　此（　）天意
怒（　）冲冠　谈笑风（　）
（　）遇而安　春（　）满面
（　）移默化　（　）木三分
（　）长梦多　雨露滋（　）
（　）尽其用　（　）水长流
（　）边无际　（　）东击西

18. 成语对对子 ‖ 分数：2分

注意对仗要工整，意思要相对。

粗茶淡饭（　　　　）
流芳百世（　　　　）
井然有序（　　　　）
指鹿为马（　　　　）
固若金汤（　　　　）
精雕细刻（　　　　）
雪中送炭（　　　　）
伶牙俐齿（　　　　）

19. 成语不离"舌"　∥分数：2分

形容信口胡说（　　　　）

形容说话轻薄（　　　　）

形容能说会道（　　　　）

形容惊诧无言（　　　　）

形容不善辞令（　　　　）

形容随声附和（　　　　）

20. 人物外貌之成语　∥分数：2分

请写出描写人物外貌的成语（至少5个）

_____、

_____、

_____、

_____

21. 近义词成语　∥分数：2分

在括号里填上近义词，组成词语。

高（　）远（　）

五（　）四（　）

龙（　）虎（　）

（　）山（　）野

头（　）目（　）

（　）兵（　）将

22. 按要求写成语　∥分数：2分

（1）表现学习努力的成语(4个)：

（2）描写自然风光的成

语(4个)：

(3) 表示改过自新的成语(4个)：

23. 巧填成语　‖分数：2分

( )( )( )金
( )( )金( )
( )金( )( )
金( )( )( )
( )一( )二
( )三( )四
( )五( )六
( )七( )八
南( )北( )
南( )北( )
南( )北( )
南( )北( )

24. 成语妙填空　‖分数：2分

( )服( )服
( )德( )德
( )讥( )讥
( )牙( )牙
( )老( )老
( )计( )计
神( )( )神
精( )( )精
痛( )( )痛
欺( )( )欺
将( )( )将
日( )( )日
微( )( )微

25. 对仗成语　‖分数：2分

依照对仗原则，为下列成语对上与该成语结构相同，意义相近（或相反）的另一个成语。

颠倒黑白（　　　　）

移花接木（　　　　）

愚公移山（　　　　）

雪中送炭（　　　　）

天衣无缝（　　　　）

博学多才（　　　）
江郎才尽（　　　）
赫赫有名（　　　）

26. 省市读成语　　‖分数：2分

照样子把下面的成语补充完整，所填的字应组成我国省、市的名称。

重于泰（　）　（　）山再起
同舟共（　）　（　）征北战
人山人（　）　（　）辕北辙
五湖四（　）　（　）是心非
跃然纸（　）　（　）阔天空
人定胜（　）　（　）津乐道
掌上明（　）　（　）市蜃楼
一技之（　）　（　）华秋实
口若悬（　）　（　）腔北调
万古长（　）　（　）枯石烂
见多识（　）　（　）风化雨
风卷残（　）　（　）柯一梦
不三不（　）　（　）流不息
声东击（　）　（　）居乐业
来日方（　）　（　）里淘金
荣华富（　）　（　）春白雪

27. 语套成语　　‖分数：2分

请分别在每组横线上填入一个成语，前后各填两个字，并使中间四字又成一条成语。

(1) ＿＿口如＿＿
(2) ＿＿复无＿＿
(3) ＿＿山恶＿＿
(4) ＿＿户之＿＿
(5) ＿＿天纬＿＿
(6) ＿＿天覆＿＿
(7) ＿＿心静＿＿
(8) ＿＿诚相＿＿
(9) ＿＿泪俱＿＿
(10) ＿＿无所＿＿
(11) ＿＿屑一＿＿
(12) ＿＿志竟＿＿
(13) ＿＿法无＿＿
(14) ＿＿泰民＿＿
(15) ＿＿山流＿＿
(16) ＿＿一而＿＿

天下乌鸦一般黑_____
这山望着那山高_____
众人拾柴火焰高_____
喝水不忘挖井人_____
三天打鱼两天晒网_____
井水不犯河水_____

28. 植物成语　　‖分数：2分

写出下列带有植物名称的成语。

草（　）（　）（　）
（　）（　）松（　）
藕（　）（　）（　）
花（　）（　）（　）
（　）（　）（　）笋
（　）（　）（　）枣
瓜（　）（　）（　）
（　）梅（　）（　）
柳（　）（　）（　）
（　）树（　）（　）
桃（　）（　）（　）
（　）（　）（　）竹

30. 改诗写成语　　‖分数：2分

照样子，先把诗句中带引号的字改正确，再写出一个成语。

例：远上寒山"水"径斜，白云深处有人家。

（石）——（水落石出）

孤帆"近"影碧空尽，唯见长江天际流。

（　）——（　　　）

不识庐山真"头"目，只缘身在此山中。

（　）——（　　　）

29. 谚语写成语　　‖分数：2分

给下列谚语写出相应的成语。

31. 古诗猜成语　‖分数：2分

根据下面古诗词句猜出对应成语。

(1) 白日依山尽：
(2) 黄河之水天上来：
(3) 桃花潭水身千尺：
(4) 春蚕到死丝方尽，蜡烛成灰泪始干：

32. 新春快乐填成语　‖分数：2分

在格中填入适当的字，使每一行都成为一个四字成语。

新＿＿　春＿＿
乐＿＿　快＿＿
＿新＿　＿春＿
＿乐＿　＿快＿
＿＿新　＿＿春
＿＿乐　＿＿快

33. 课名成语　‖分数：2分

下面都是中、小学所开设的课程名称。请在空格里填上适当的字，使两字之间分别组成成语。

语（ ）（ ）（ ）
（ ）（ ）（ ）文
美（ ）（ ）（ ）
（ ）（ ）（ ）术
数（ ）（ ）（ ）
（ ）（ ）（ ）学
自（ ）（ ）（ ）
（ ）（ ）（ ）然
物（ ）（ ）（ ）
（ ）（ ）（ ）理
劳（ ）（ ）（ ）
（ ）（ ）（ ）动
作（ ）（ ）（ ）
（ ）（ ）（ ）文
几（ ）（ ）（ ）
（ ）（ ）（ ）何
地（ ）（ ）（ ）
（ ）（ ）（ ）理
英（ ）（ ）（ ）
（ ）（ ）（ ）语
生（ ）（ ）（ ）

（ ）（ ）（ ）物

34. 十二月的蔬菜歌   ‖分数：2分

请将图中蔬菜的名字按正确的顺序补充进蔬菜歌中画线的部分。

正月____才吐绿，
二月栽下羊角____；
三月____长得旺，
四月____雨后生；
五月____大街卖，
六月____弯似弓；
七月____头朝下，
八月____个个红；
九月____红似火，
十月____上秤称；
冬月____家家有，
腊月____正泛青。

35. 十二月的鲜花歌   ‖分数：2分

一年十二月，月月有花赏，这里有12种花，你知道它们各自在什么时间开放吗？请将它们填入括号中。菊花、兰花、荷花、腊梅、栀子、芙蓉、蔷薇、水仙、石榴、梅花、桃花、丹桂

正月（　　）香又香，
二月（　　）盆里装，
三月（　　）连十里，
四月（　　）靠短墙，
五月（　　）红似火，
六月（　　）满池塘，
七月（　　）头上戴，
八月（　　）满枝黄，
九月（　　）初开放，
十月（　　）正上妆，
十一月（　　）供上案，
十二月（　　）雪里藏。

36. 下雨天留客   ‖分数：2分

从前，有一个人到一个朋友家去做客。正赶上天下起了大雨，于是他便在朋友家里住下了，连住了

几天不走。主人很不高兴,想赶他走又不好意思说,于是写了一张字条给他:

下雨天留客天留我不留

因为没有加标点,客人看了字条之后,

说:"朋友真是太好客了!"于是住下再也不走了。

你知道客人和主人分别是怎么理解的吗?加上标点读读看!

客人的意思:下 雨 天 留 客 天 留 我 不 留

主人的意思:下 雨 天 留 客 天 留 我 不 留

37. 爷爷奶奶猜年龄 ‖ 分数:2分

张爷爷和李奶奶天天都到公园里锻炼身体,他们的年龄已经很高了,但是身体还是非常健康。小红问他们各自的年龄,但是他们都没有直接回答。张爷爷在地上用树枝写了一个"米"字,李奶奶写了一个"本"字。这下可难住了小红,怎么都想不明白。

你能帮帮小红吗?张爷爷和李奶奶各自的年龄是多少呢?

年龄( ) 年龄( )

38. 头疼的问题 ‖ 分数:2分

今天,小熊遇到了一个让它头疼的问题,它怎么想都想不出来。

题目是这样的:有五条竖线,每一个添上两笔就能变成五个新字。

你能帮助小熊解决这个问题吗?

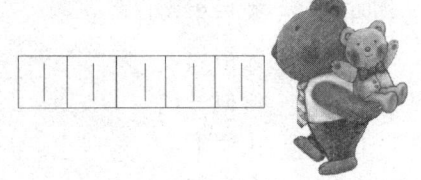

39. "口"字谜语 ‖ 分数:2分

今天,老师给大家出了许多关于"口"的谜语,你也来试一试吧!

一个"口"是"口"字

两个"口"是"吕"或"回"字

三个"口"是( )字

四个"口"是( )字

五个"口"是( )字

六个"口"是( )字

七个"口"是( )字

八个"口"是( )字

40. 三字组成的字 ‖ 分数：2分

汉字中存在三个相同的字组成一个新字的现象，"晶"是其中之一，还有：鑫、森、品、淼、磊、焱。而有的字在古代是由三个相同的字组成的，后来被简化了，比如：聂（　）、轰（　）等。

41. 添一笔变新字 ‖ 分数：2分

下面的字，只要添上一笔就能变成另外一个字，试试看。

火　今　古　二　兰
休　鸟　晴　乒　李
拔　尤　刀　心　兔
冉　大　门　狠　叶

42. "二"的妙用 ‖ 分数：2分

语文老师上课时出了一道很特别的题目，要求大家将下面16个方格中的每个"二"字加上两笔，使其组成16个不同的字。你也试试吧！

二	二	二	二
二	二	二	二
二	二	二	二
二	二	二	二

43. 想一想 猜一猜 ‖ 分数：2分

一只大蜻蜓，飞在天空中，
口里嗡嗡叫，肚里能装人。
（打一交通工具）

身体站得直，脸儿朝太阳，
开花黄又黄，结子香又香。
（打一植物）

44. 文字摩天轮　∥分数：2分

中间的字与周围任何一个字都会组成新字，你来猜一猜！

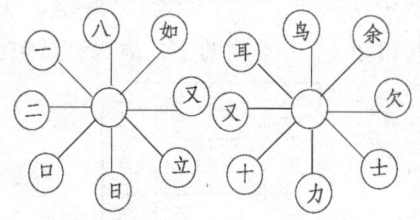

45. 数字组合字　∥分数：2分

白雪公主为小矮人们出了一道很有趣的语文题。有"一、二、三、五、七、千"几个汉字，只要与同样的一个字组合就能变成另外一个字。那个字是什么呢？组合后的字又是什么呢？

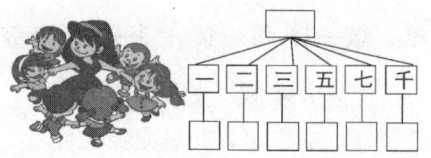

46. 巧念十字诗　∥分数：2分

《今古奇观》中有一首"十"字形的诗，诗的结构十分巧妙，位于中心的"龙"字，在每句诗中都处正中间，其他每个字都使用两次，小朋友们，你们能读出来吗？

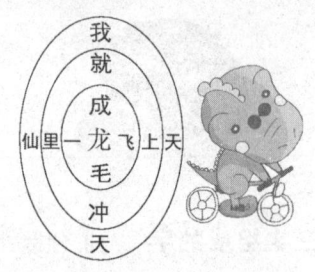

我就成仙里一龙飞上天毛冲天

47. 怪诗如何念　∥分数：2分

这是一首诗，你能把它读出来吗？

龙
凤凤
泉泉泉
山山山
水水水水
会
仙仙仙仙仙仙仙
湖湖湖湖湖
海海海海
为朋友
走走走走走走走走走
江河
川川川

48. 巧读宝塔诗　∥分数：2分

宝塔诗如何读？

开
山满
桃山杏
山好景山
来山客看山
里山僧山客山
山中山路转山崖

49. 曹操与关羽　‖ 分数：2分

下面这段文字是要说明什么意思呢？

曹操教酾热酒一杯，与关公饮了上马。关公曰："酒且斟下，某去便来。"出帐提刀，飞身上马。……时间不长，只听銮铃响处，关公打马已回到中军，其酒尚温。

A. 曹操要与关公喝酒。

B. 关公根本不想与曹操对饮。

C. 把酒放在火上热着就不会凉了。

D. 关公出去作战时间很短。

50. 颠倒顺序的词语　‖ 分数：2分

阅读下面文字，按要求答题。

古代有个将军老打败仗，他给皇帝的奏折中写道："臣……屡战屡败……"他手下的一个谋士看了后，把奏折中"屡战屡败"这四个字稍稍改变了一下顺序，成为"屡败屡战"。

奏折呈上去后，那个将军不但没有被皇上治罪，反而受到了皇帝的嘉奖。

联系上下文，写出下面词语的意思。

（1）屡战屡败：

（2）屡败屡战：

答案部分：

第七章 语文难题

1. （1）自投罗网
   （2）横行霸道
2. （穿）针引线
   （锦）上添花
   （衣）冠禽兽
   （披）星戴月
   （红）颜薄命
   （花）言巧语
   （叫）苦连天
   （一）目了然
   （声）东击西
   （惊）天动地
   （万）马奔腾
   （家）喻户晓
   谜面：穿锦衣，披红花。叫一声，惊万家。
   谜底：公鸡。
3. 黄梅时节家家雨——（满城风雨）
   韩信钻胯，项羽扛鼎——（忍辱负重）
   无心插柳柳成荫——（事与愿违）
   此曲只应天上有——（不同凡响）
4. 左邻右舍　来来往往
   大同小异　喜新厌旧
   取长补短　东奔西跑
   积少成多　大惊小怪
   先斩后奏　出生入死
5. 精益求精　神乎其神
   痛定思痛　贼喊捉贼
   举不胜举　防不胜防
6. （1）七手八脚
   （2）七嘴八舌
   （3）七颠八倒
   （4）七拉八扯
7. （千）言（万）语：很多的话。
   （流）言（蜚）语：背后散布难听的话。
   （轻）言（细）语：说话声音轻柔，语气温和。
   （风）言（风）语：背后散布诽谤之类的话。
   （甜）言（蜜）语：哄骗人的十分动听的话。
8. 不同的口——异口同声
   不隐瞒的口——口无遮拦

不敢说的口——闭口不谈
不愿承认的口——矢口否认

9. 形容敏捷　身手敏捷
   形容聪颖　心灵手巧
   形容高兴　手舞足蹈
   形容勤奋　手不释卷
   形容凶狠　心狠手辣
   形容卑鄙　不择手段
   形容高明　妙手回春
   形容利索　眼疾手快
   形容惊慌　手忙脚乱
   形容冷漠　袖手旁观
   形容专横　一手遮天
   形容无能　束手无策
   形容亲密　情同手足

10. 四平八稳÷八面玲珑
    ＝六神无主
    $48÷8＝6$
    三头六臂－三心二意
    ＝四面楚歌
    $36-32＝4$
    四海为家＋一望无际
    ＝五谷丰登
    $4+1＝5$
    一视同仁×三更半夜
    ＝三顾茅庐
    $1×3＝3$

11. 十全十美　百发百中
    千家万户　万水千山

12. 生龙活虎、狐假虎威、
    谈虎色变、虎头虎脑。

    虎视眈眈、为虎作伥、
    龙腾虎跃、马马虎虎。

13. 画地为牢（故步自封）
    零存整取（积少成多）
    长途电话（遥相呼应）
    大雪纷飞（天花乱坠）
    草船借箭（有借无还）
    鹦鹉学舌（人云亦云）
    化装表演（改头换面）
    翻印底片（颠倒黑白）

14. 万事俱备，只欠东风　诸葛亮
    舌战群儒　诸葛亮
    刮目相看　诸葛亮
    单刀赴会　关羽
    乐不思蜀　刘禅
    隔岸观火　曹操

15. 神机妙算、足智多谋、
    料事如神、运筹帷幄、
    决胜千里。

16. （言之）凿凿　（浑浑）噩噩
    济济（一堂）　（无所）事事
    （风尘）仆仆　寥寥（无几）
    星星（点点）　（杀气）腾腾
    （唯唯）诺诺　侃侃（而谈）
    （不过）尔尔　（想入）非非

17. 好事多磨　雨过天晴
    真知灼见　时不再来
    节衣缩食　当仁不让
    春风化雨　此乃天意
    怒发冲冠　谈笑风生
    随遇而安　春风满面

潜移默化　入木三分
夜长梦多　雨露滋养
物尽其用　细水长流
无边无际　声东击西
藏诗：春夜喜雨（唐）杜甫
好雨知时节，当春乃发生。
随风潜入夜，润物细无声。

18. 粗茶淡饭（山珍海味）
流芳百世（遗臭万年）
井然有序（杂乱无章）
指鹿为马（点石成金）
固若金汤（危如累卵）
精雕细刻（粗制滥造）
雪中送炭（锦上添花）
伶牙俐齿（笨嘴拙舌）

19. 形容信口胡说（妄口八舌）
形容说话轻薄（闲嘴淡舌）
形容能说会道（唇枪舌剑）
形容惊诧无言（张口结舌）
形容不善辞令（笨嘴拙舌）
形容随声附和（鹦鹉学舌）

20. 眉清目秀　明眸皓齿
鹤发童颜　面黄肌瘦
面如土色　瘦骨如柴
尖嘴猴腮

21. 高（瞻）远（瞩）
五（湖）四（海）
龙（腾）虎（跃）
（满）山（遍）野
头（晕）目（眩）
（调）兵（遣）将

22.（1）废寝忘食、十载寒窗、
　　　手不释卷、孜孜不倦
　（2）一望无际、千山万水、
　　　千岩万壑、山明水秀
　（3）改邪归正、洗心革面、
　　　脱胎换骨、痛改前非

23.（点）（石）（成）金
（固）（若）金（汤）
（挥）金（如）（土）
金（玉）（良）（言）
（说）一（不）二
（朝）三（暮）四
（吆）五（喝）六
（横）七（竖）八
南（辕）北（辙）
南（腔）北（调）
南（征）北（战）
南（来）北（往）

24.（心）服（口）服
（以）德（报）德
（以）讹（传）讹
（以）牙（还）牙
（倚）老（卖）老
（将）计（就）计
神（乎）（其）神
精（益）（求）精
痛（定）（思）痛
欺（人）（自）欺
将（门）（有）将
日（复）（一）日
微（乎）（其）微

25. 颠倒黑白（混淆是非）
    移花接木（偷梁换柱）
    愚公移山（精卫填海）
    雪中送炭（锦上添花）
    天衣无缝（不学无术）
    博学多才（不学无术）
    江郎才尽（黔驴技穷）
    赫赫有名（默默无闻）

26. 山东　济南
    海南　海口
    上海　天津
    珠海　长春
    河南　青海
    广东　云南
    四川　西安
    长沙　贵阳

27. （1）一心口如一意
　　（2）一反复无常态
　　（3）山穷山恶水尽
　　（4）开门户之见山
　　（5）天经天纬地义
　　（6）天翻天覆地覆
　　（7）心平心静气和
　　（8）坐以诚相待毙
　　（9）低声泪俱下气
　　（10）生生无所息息
　　（11）奋不屑一顾身
　　（12）胸有志竟成竹
　　（13）暗无法无天日
　　（14）定国泰民安邦
　　（15）山高山流水长

　　（16）盲从一而终悔

28. 草木皆兵　毫不松懈
    藕断丝连　花言巧语
    雨后春笋　囫囵吞枣
    瓜田李下　望梅止渴
    柳暗花明　铁树开花
    桃红柳绿　势如破竹

29. 一丘之貉　见异思迁
    众志成城　饮水思源
    三心二意　互不相干

30. 孤帆"近"影碧空尽，
    唯见长江天际流。
    （远）——（远走高飞）
    不识庐山真"头"目，
    只缘身在此山中。
    （面）——（面不改色）

31. （1）下落不明
　　（2）源远流长
　　（3）无与伦比
　　（4）舍己为人

32. 新来乍到　喜新厌旧
    今雨新知　焕然一新
    春华秋实　回春妙手
    满面春风　妙手回春
    快马加鞭　大快人心
    乘龙快婿　心直口快
    乐极生悲　其乐无穷
    喜闻乐见　自得其乐

33. 语重心长　不名一文
    美不胜收　不学无术
    数不胜数　真才实学

自力更生　道貌岸然
物竞天择　强词夺理
劳苦功高　原封不动
作茧自缚　一纸空文
几次三番　无可奈何
地久天长　言之有理
英姿勃勃　窃窃私语
生生不息　身无长物

34. 菠菜，葱，韭菜，竹笋，黄瓜，葫芦，茄子，辣椒，柿子，萝卜，白菜，蒜苗。

35. 正月梅花香又香，
二月兰花盆里装，
三月桃花连十里，
四月蔷薇靠短墙，
五月石榴红似火，
六月荷花满池塘，
七月栀子头上戴，
八月丹桂满枝黄，
九月菊花初开放，
十月芙蓉正上妆，
十一月水仙供上案，
十二月腊梅雪里藏。

36. 主人的意思：下雨天留客，天留我不留！
客人的意思：下雨天，留客天，留我不？留！

37. 张爷爷是"八十八"岁，李奶奶是"八十一"岁。
"本"字是"八""十""一"三部分组成的。"米"字是"八"

"十""八"三部分组成的。

38. 工、干、士、千、土

39. 品、田、吾、晶、叱、叭

40. 聂（聶）轰（轟）

41. 灭　令　舌　干　羊　体　鸟
　　睛　兵　季　拨　龙　刃　必
　　兔　再　太　闩　狼　吐

42. 夫　井　开　王
　　丰　毛　牛　手
　　天　午　五　元
　　云　月　仁　无

43. 飞机　向日葵

44. 十　又

45. 这个字是"口"，组成的字是：日、旦、亘、吾、电、舌。

46. 这首"十"字诗的读法是：天上飞龙一里仙，仙里一龙毛冲天，天冲毛龙成就我，我就成龙飞上天。

47. 一龙二凤镇三泉，
三山四水会八仙。
五湖四海为朋友，
久走江河到四川。

48. 山中山路转山崖，
山客山僧山里来。
山客看山山景好，
山桃山杏满山开。

49. D

50. （1）多次战斗却多次失败。
（2）做事屡次失败，却不气馁，仍然坚持战斗。

第八章　名诗谚语

谚语通常用简单通俗的话来反映深刻的道理，是民间集体创作、广为流传、言简意赅并较为定型的文字语句，是人们丰富智慧和普遍经验的规律性总结。

1. 挑诗句组古诗　∥分数：2分

从下面的诗句中，选出四句组成一首古诗。按顺序是：（　　　）
(1) 京口瓜洲一水间
(2) 清明时节雨纷纷
(3) 夜半钟声到客船
(4) 江枫渔火对愁眠
(5) 烟花三月下扬州
(6) 牧童遥指杏花村
(7) 借问酒家何处有
(8) 一行白鹭上青天
(9) 明月何时照我还
(10) 钟山只隔数重山
(11) 路上行人欲断魂
(12) 两个黄鹂鸣翠柳

2. 缩诗　∥分数：2分

你能将上题答案中的这首七言诗缩为一首五言诗吗？

3. 迷人的诗景　∥分数：2分

诗人在见到迷人的景色时，最易诗兴大发，因而留下了不少描写美景的动人诗句。你能根据下面的诗句，猜出它是在描写哪里的景色吗？

一径竹阴云满地，
半帘花影月笼纱。
（提示：北京）

树红树碧高低影，
烟淡烟浓远近秋。
（提示：四川）

四面荷花三面柳，
一城山色半城湖。
（提示：山东）

清风明月本无价，
近水遥山皆有情。
（提示：江苏）

4. 诗中"游"名胜　∥分数：2分

下列诗句写的是哪处名胜吗？它属于哪个省（市、县）？请分别填在横线上和括号内。

(1) ＿＿＿＿＿水深千尺，不及汪伦

送我情。（　　　）

（2）不识____真面目，只缘身在此山中。（　　　）

（3）京口瓜洲一水间，____只隔数重山。（　　　）

（4）劝君更尽一杯酒，西出____无故人。（　　　）

（5）朝辞____彩云间，千里江陵一日还。（　　　）

（6）____城外寒山寺，夜半钟声到客船。（　　　）

（7）即从____穿巫峡，便下襄阳向洛阳。（　　　）

（8）羌笛何须怨杨柳，春风不度____关。（　　　）

（9）故人西辞_____，烟花三月下扬州。（　　　）

（10）欲把____比西子，淡妆浓抹总相宜。（　　　）

5．诗词名地　　‖分数：2分

请写出与下列诗句有关的风景地。

1．江作清罗带，山如碧玉簪。（　　　）

2．飞流直下三千尺，疑是银河落九天。（　　　）

3．会当凌绝顶，一览众山小。（　　　）

4．两岸猿声啼不住，轻舟已过万重山。（　　　）

5．欲穷千里目，更上一层楼。（　　　）

6．水光潋滟晴方好，山色空蒙雨亦奇。（　　　）

6．诗歌中的名胜　　‖分数：2分

请你根据诗句的内容，写出与它相关的名胜。

（1）会当凌绝顶，一览众山小。（　　　）

（2）飞流直下三千尺，疑是银河落九天。（　　　）

（3）湖光秋月两相和，潭面无风镜未磨。（　　　）

（4）横看成岭侧成峰，远近高低各不同。（　　　）

7. 诗歌中的地名　‖ 分数：2分

给下面这些诗句补上相应的地名：

（1）不识（　　）真面目，只缘身在此山中。

（2）遥望（　　）山水色，白银盘里一青螺。

（3）（　　）边野草花，（　　）口夕阳斜。

（4）羌笛何须怨杨柳，春风不度（　　）。

8. 诗歌中的动植物　‖ 分数：2分

在括号里填上动物或植物名。

（1）故人西辞（　　）楼，烟花三月下扬州。

（2）西塞山前（　　）飞，桃花流水（　　）肥。

（3）枯（　　）老树昏（　　），小桥流水人家。

（4）乱花渐欲迷人眼，浅（　　）才能没（　　）蹄。

（5）儿童急走追（　　），飞入（　　）无处寻。

（6）泥融飞（　　），沙暖睡（　　）。

（7）柴门闻（　　）吠，风雪夜归人。

（8）（　　）外（　　）三两枝，春江水暖（　　）先知。

（9）（　　）才露尖尖角，早有（　　）立上头。

（10）童孙未解供耕织，也傍（　　）阴学种（　　）。

（11）江晚正愁余，山深闻（　　）。

（12）流连戏（　　）时时舞，自在娇（　　）恰恰啼。

9. 诗歌中的色彩　‖ 分数：2分

请在横线上填上适当的颜色，将诗歌补充完整。

（1）＿毛浮＿水，＿掌拨清波。

（2）＿日依山尽，＿河入海流。

（3）日暮＿山远，天寒＿屋贫。

（4）两个＿鹂鸣＿柳，一行＿鹭

上__天。

(5) 一年好景君须记,最是橙__橘__时。

10. 诗歌中的数 ‖ 分数:2分

请在横线上填上适当的数字,将诗歌补充完整。

(1) 不知细叶谁裁出,__月春风似剪刀。

(2) 故人西辞黄鹤楼,烟花__月下扬州。

(3) 飞流直下____尺,疑是银河落__天。

(4) 朝辞白帝彩云间,__里江陵__日还。

(5) 碧玉妆成__树高,__条垂下绿丝绦。

11. 诗歌中的植物 ‖ 分数:2分

请在横线上填上适当的植物名称,将诗歌补充完整。

(1) 离离原上__,一岁一枯荣。

(2) 人间四月芳菲尽,山寺__花始盛开。

(3) 借问酒家何处有,牧童遥指__花村。

(4) 遥知兄弟登高处,遍插____少一人。

(5) 月落乌啼霜满天,江__渔火对愁眠。

12. 诗歌中的动物 ‖ 分数:2分

下边所选古诗句中,每句都有一个动物名,请你把它们填出来。

(1) 柴门闻( )吠
(2) 千山( )飞绝
(3) 射人先射( )
(4) 不是养( )人
(5) 牧童骑( )
(6) 意欲捕鸣( )
(7) 处处闻啼( )
(8) 但爱( )美
(9) 两个( )鸣翠柳
(10) 一行( )上青天
(11) 两岸( )声啼不住
(12) 故人西辞( )楼
(13) 月落( )啼霜满天
(14) 添得( )四五声

155

（15）早有（　）立上头

（16）怕得（　）惊不应人

13. 按要求写诗（一） ‖分数：2分

按要求写诗，并注明作者。

（1）送别诗有：

（2）与月亮有关的诗有：

（3）与流水有关的诗有：

（4）思念家乡及亲人的诗有：

（5）与战争有关的诗有：

（6）描写某种植物的诗有：

14. 按要求写诗（二） ‖分数：2分

按要求写诗句，并注明作者。

（1）描写山水的有关诗句：

（2）歌颂情谊的有关诗句：

（3）反映科学哲理的有关诗句：

（4）反映边疆将士的有关诗句：

（5）表现爱国主义的有关诗句：

15. 按要求写诗（三） ‖分数：2分

根据要求在横线上填写诗句，每组至少写出一句。

（1）写内心愁苦的：

（2）含有数字的：

（3）描写寒冷的：

16. 咏物赋诗 ‖分数：2分

古人常睹物吟诗，盛赞大自然中的一草一木。像这样的咏物诗你能写出多少呢？

请任选下面这些景物中的3样赋诗，注意把诗名和作者写清楚：柳树、月亮、梅花、荷花、瀑布、雪、枫叶。

17. 根据意思填名句 ‖ 分数：2分

（1）（　　　）虽相隔万水千山，但友谊的纽带把我们紧紧联在一起。（填诗句）

（2）我国古代有句名言：（　　　）。就是说坏事虽小但不能去做，干多了就变成大坏事；好事虽小，也不能因为它小就不做，再大的好事都是从点滴开始的。

（3）写一句关于珍惜时间方面的名人名言，并标明出处。（　　　）

（4）焦裕禄心里装着三十万兰考人民，为改变兰考贫穷落后局面，他累倒在兰考这块土地上，真可谓（　　　）。（诸葛亮语）

（5）"先天下之忧而忧，（　　　）"这句话选自（　　　）代诗人的（　　　）名诗《　　　》。

（6）《九月九日忆山东兄弟》诗中（　　　）在当今广为传诵，人们常引用来表达（　　　）之间的怀念之情。

18. 古诗名句 ‖ 分数：2分

引用古诗名句，往往能起到很好的劝诫效果。当遇到下列情景，用上哪一句诗最为恰当呢？

（1）教育人要积极向上，好上加好：_____。

（2）说明生命力顽强，用来礼赞百折不挠、蓬勃向上、积极有为的顽强精神和人生态度：_____。

（3）教育节约粮食，珍惜农民劳动成果：_____。

（4）教育我们只有不断读书学习，吸取新鲜知识，思想、才学、智慧才会永不枯竭，永不陈旧，永远充满活力和生机：_____。

（5）教育我们面对严峻的考验要从容不迫、无所畏惧：_____。

19. 读文猜诗　∥分数：2分

有位厨师精通诗词，每做出一道菜，都能说出一句优美的诗句来。一位秀才故意出难题，给厨师两个鸡蛋，要他做几道菜，并且每道菜要表示一句古诗。厨师欣然接受，做了四道菜。第一道是两个纯蛋黄，几根青菜丝；第二道菜，把熟鸡蛋白切成小块，排成一字形，下面铺了一张青菜叶子；第三道菜是清炒蛋白一撮；第四道菜，一碗清汤，上面飘着四只蛋壳。秀才见了，深表佩服。

1. 你知道这四道菜表示哪四句诗吗？写下来

2. 这首古诗的题目是_____作者是_____朝诗人_____。

20. 谚语填空　∥分数：2分

补上谚语的下半部分

（1）千里之行（　　　　）

（2）天网恢恢（　　　　）

（3）螳螂捕蝉（　　　　）

（4）（　　　　）满招损

21. 气象谚语　∥分数：2分

把下列气象谚语补充完整。

春雾（　　　），夏雾（　　　），秋雾（　　　），冬雾（　　　）。

22. 名言警句连线　∥分数：2分

请将下面的名言警句同正确的作者连线。

一日无书，　　　　　颜真卿
百事荒芜。

读书破万卷，　　　　朱熹
下笔如有神。

书犹药也，　　　　　陈寿
善读之可以医愚。

黑发不知勤学早，　　杜甫
白首方悔读书迟。

读书有三到，谓心到、　刘向
眼到、口到。

23. 名人名言　∥分数：2分

以下是五位伟人的名言，但是顺序已经打乱。请将每句名言同正确的伟人连起来。

聪明在于学习，
天才在于积累。　　　　周恩来

世上无难事，
只要肯登攀。　　　　　高尔基

为中华之崛
起而读书。　　　　　　列宁

任何成就都是
刻苦劳动的结果。　　　毛泽东

书籍是人类
进步的阶梯。　　　　　宋庆龄

24. 古谚名句连线（一）　∥分数：2分

请将下面的古谚名句补充完整，并同正确的出处连线。

言必信，_____。《孟子·离娄下》

与朋友交，言而____。《孟子·梁惠王上》

己所不欲，_____。《论语·学而》

精诚所加，_____。《论语·子路》

爱人者，人恒____；敬人者，人恒____。《后汉书·广陵思王荆传》

老吾老，以及人____；幼吾幼，以及人____。《论语·颜渊》

25. 古谚名句连线（二）　∥分数：2分

请将下面的古谚名句同正确的出处连线。

兄弟敦和睦，
朋友笃诚信。　　　　　《孝经》

孝在于质实，
不在于饰貌。　　　　　诸葛亮

爱亲者，不敢恶于人；
敬亲者，不敢慢于人。　陈子昂

非淡泊无以明志，
非宁静无以致远。　　　桓宽

26. 古谚名句连线（三）　‖ 分数：2分

请将下面的古谚名句同正确的出处连线。

少年易老学难成，
一寸光阴不可轻。　　《离骚》

路漫漫其修远兮，
吾将上下而求索。　　《荀子》

不积跬步，无以至千里；
不积小流，无以成江海。　　《偶成》

27. 巧填谚语　‖ 分数：2分

写出句子的后半部分。
(1) 书读百遍，

(2) 路遥知马力，

(3) 前人栽树，

(4) 学习如逆水行舟，

(5) 一年之计在于春，

(6) 庄稼一枝花，

(7) 书山有路勤为径，

(8) 横眉冷对千夫指，

(9) 虚心使人进步，

(10) 三个臭皮匠，

(11) 少壮不努力，

(12) 读书破万卷，

(13) 拳不离手，

(14) 良药苦口利于病，

(15) 芝麻开花，

28. 补充格言　‖分数：2分

请将以下格言补充完整。

（1）时间给（　　）者留下智慧和力量；给（　　）者留下空虚和懊悔。

（2）不愧于对今天的人，时间会对你（　　），丢失了今天的人，明天会给你（　　）。

（3）千里之堤，（　　　）；千里之行，（　　　）。

（4）智者千虑，（　　　）；愚者千虑，（　　　）。

（5）司马昭之心，（　　　）。

（6）书到用时方恨少，（　　　）。

（7）良药苦口利于病，（　　　）。

（8）以其人之道，（　　　）。

29. 数字俗语　‖分数：2分

根据意思填上带有数字的俗语。

表示实实在在，不可更改时用（　　）

表示做事不考虑周到，干了再说时用（　　）

表示一样东西两人平分时用（　　）

表示某人干事麻利时用（　　）

表示差不多时用（　　）

表示某人打小算盘时用（　　）

表示归根到底时用（　　）

表示把握大时用（　　）

表示很不容易时用（　　）

表示信心十足时用（　　）

表示距离远时用（　　）

30. 趣联巧对（一）　‖分数：2分

相传唐伯虎和祝枝山因事来到乡村，看到农夫车水，祝枝山脱口说出了上联："水车车水，水随车，车停水止。"唐伯虎当即对出下联："风扇____，风出扇，____动____生。"这副对联对得工整巧妙，被人们传诵一时。

你知道横线上缺少的字是什么吗？请将它们补充完整。

31. 趣联巧对（二） ‖ 分数：2分

相传清代的乾隆皇帝宴请群臣，他指着一位一百四十一岁的老者出了上联："花甲重逢，增加三七岁月。""花甲"是六十岁，"花甲重逢"是两个六十岁，再加上"三七"二十一年，恰好是一百四十一岁。大学士纪晓岚灵机一动，对出下联："古稀双庆，更多____度春秋。"加起来也正好是一百四十一岁。这真称得上是一副绝妙的"数字对联"了。

你知道横线上应该填几吗？为什么呢？

32. 对联中的秘密 ‖ 分数：2分

下列对联各咏的是谁？

（1）一门父子三词客，千古文章四大家。（　　　）

（2）豪气压群雄，能使力士脱靴，贵妃捧砚；仙才媲美，不让参军俊逸，开府清新。（　　　）

（3）玉帐深宵悲骏马，楚歌四面促红妆。（　　　）

（4）四面湖山归眼底，万家忧乐到心头。（　　　）

33. 有趣的对联 ‖ 分数：2分

一个财主请一个秀才写了一副对联，财主一读，连连夸好；人们一读，阵阵嘲笑。你知道他们是怎样读的吗？请用"、"作为停顿符号读一读。

横额：人多病少财富

上联：养猪大如山老鼠头头死。

下联：酿酒缸缸好造醋坛坛酸。

财主这样读：

人们这样读：

姜太公钓鱼_____

34. 有趣的谐音歇后语 ‖ 分数：2分

下面全部是同谐音有关的歇后语，你能将它们全部填写出来吗？
(1) 外甥打灯笼_____
(2) 孔夫子搬家_____
(3) 小葱拌豆腐_____
(4) 上鞋不用锥子_____
(5) 四月的冰河_____
(6) 隔着门缝吹喇叭_____

36. 趣味歇后语 ‖ 分数：2分

你能将下面的歇后语全部填写出来吗？
水滴石穿_____
早开的红梅_____
砌墙的石头_____
关羽失荆州_____
王羲之写字_____
周瑜打黄盖_____

35. 有趣的歇后语 ‖ 分数：2分

你能将下面的歇后语全部填写出来吗？
八仙过海_____
孙悟空大闹天宫_____
韩信点兵_____
张飞穿针_____
包公断案_____

37. 古典名著歇后语 ‖ 分数：2分

中国古典名著的故事中也有不少歇后语，你能把它们都写出来吗？
刘关张桃园三结义_____
孔明借东风_____
关公赴会_____
徐庶进曹营_____

梁山泊的军师_____
孙猴子的脸_____

38. 生肖歇后语　　∥分数：2分

在括号里填上12生肖，组成12生肖歇后语。

（　）出洞——东张西望
（　）王爷搬家——厉害
（　）屁股——摸不得
（　）拿耗子——多管闲事
（　）吃草——吞吞吐吐
（　）吃辣椒——抓耳挠腮
亡（　）补牢——为时未晚
洞里的（　）——不知长短
盲人骑瞎（　）——乱闯
（　）八戒戴花——臭美
（　）拉车——连蹦带跳
（　）给黄鼠狼拜年——死巴结

39. 歇后语连线　　∥分数：2分

请将下列相对应的歇后语用线连起来。

十五只吊桶打水　　百发百中
千里送鹅毛　　　　铁面无私
王婆卖瓜　　　　　黄土变成金
八仙过海　　　　　礼轻情意重
包公断案　　　　　自卖自夸
门缝里看人　　　　七上八下
万众一条心　　　　各显神通
神枪手　　　　　　把人看扁了

40. 歇后语　　∥分数：2分

把下列歇后语的后半部分填出来。

泥菩萨过河——（　　　）
狗咬吕洞宾——（　　　）
猪鼻子里插大葱
　　　　　　——（　　　）
太平洋的警察——（　　　）
大姑娘上轿——（　　　）
起重机吊鸡毛——（　　　）

41. 谚语和歇后语　　∥分数：2分

A. 人心齐，（　　　）
B. 有则改之，（　　　）
C. 丈二和尚——（　　　）

D. 针尖对麦芒——（　　　）

42. 补充谚语　‖分数：2分

将下列习惯谚语的上半部分或下半部分填出来。

出其不意——（　　　）

翻手为云——（　　　）

福无双至——（　　　）

捡了芝麻——（　　　）

智者千虑——（　　　）

（　　　）——一波又起

（　　　）——败事有余

（　　　）——弃之可惜

（　　　）——后无来者

（　　　）——焉得虎子

43. 歇后语填空　‖分数：2分

把下列歇后语的后半部分填出来。

猫哭耗子——（　　　）

太阳底下点灯——（　　　）

秃子瞧和尚——（　　　）

广东人唱京剧——（　　　）

被面补袜子——（　　　）

水中捞月——（　　　）

44. 历史传说歇后语　‖分数：2分

请在下面歇后语的括号内填上历史故事或神话传说中的人物：

1. （　　　）的居处——开门见山

2. （　　　）误闯白虎堂——单刀直入

3. （　　　）用兵——以一当十

4. （　　　）败走华容道——不出所料

5. （　　　）大摆空城计——化险为夷

6. （　　　）断案——铁面无私

7. （　　　）七十二变——神通

广大

8. （　）草船借箭——满载而归

（　）年松做柴烧——大材小用

47. 歇后语填动物　‖分数：2分

（　）尾巴——节节活
（　）耍拳——小架势
（　）洗脸——假干净
（　）喂猪——不放心
（　）吊孝——假慈悲
（　）拉车——使横劲
（　）打洞——路路通
（　）低飞——寻食物

45. 西游歇后语　‖分数：2分

孙悟空大闹天宫——（　　　）
唐僧害嘴——（　　　）
猪八戒招亲——（　　　）
孙悟空翻筋斗——（　　　）
白骨精骗唐僧——（　　　）
孙猴子七十二变——（　　　）

46. 歇后语补数字　‖分数：2分

（　）九天种小麦——不是时候
（　）大金刚腾空——各奔前程
（　）里马拉篱笆——用非所长
（　）个锅里吃饭——彼此彼此
（　）曲桥上散步——拐弯抹角
（　）岁爷卖包子——御驾亲征

48. 有意思的重音　‖分数：2分

用重音符号标出重读的关键词。（一句话可能有两种解释。）

（1）生产的太多了：一个月就生产了200台智能手机。

（2）生产的太少了：一个月就

生产了200台智能手机。

49. 关羽论读书 ‖分数：2分

相传蜀汉大将关羽写过《戒子书》，书中有这样一句话："读书好，好读书，读好书"。根据你的理解，这三

分句各表达了什么意思。

1. 读书好：（   ）

2. 好读书：（   ）

3. 读好书：（   ）

50. "联想"之意 ‖分数：2分

联想公司为了宣传自己的产品"联想电脑"，为了塑造更好的企业形象，打了一则广告："人类失去联想，世界将会怎样？"请认真品味这则广告，回答下面的问题。

广告语中的"联想"一词，有哪两方面的含义？

(1) _____

(2) _____

答案部分：

第八章 名诗谚语

1. （2）（11）（7）（6）

   清明

   （唐）杜牧

   清明时节雨纷纷，
   路上行人欲断魂。
   借问酒家何处有，
   牧童遥指杏花村。

2. 清明雨纷纷，行人欲断魂。
   酒家何处有，遥指杏花村。

3. 北京颐和园月波楼
   四川青城山真武殿
   山东济南大明湖
   江苏苏州沧浪亭

4. （1）桃花潭，安徽
   （2）庐山，江西
   （3）钟山，江苏
   （4）阳关，甘肃
   （5）白帝，重庆
   （6）姑苏，苏州
   （7）巴峡，重庆
   （8）玉门，甘肃
   （9）黄鹤楼，湖北
   （10）西湖，杭州 8

5. 1. 桂林
   2. 庐山
   3. 泰山
   4. 白帝城
   5. 黄鹤楼
   6. 西湖

6. （1）泰山
   （2）庐山五老峰瀑布
   （3）洞庭湖
   （4）庐山

7. （1）庐山（2）洞庭
   （3）朱雀桥 乌衣巷
   （4）玉门关

8. （1）黄鹤
   （2）白鹭 鳜鱼
   （3）藤 鸦
   （4）草 马
   （5）黄蝶 菜花
   （6）燕子 鸳鸯
   （7）犬
   （8）竹 桃花 鸭
   （9）小荷 蜻蜓
   （10）桑 瓜
   （11）鸬鹚
   （12）蝶 莺

168

9. (1) 白　绿　红
　　(2) 白　黄
　　(3) 苍　白
　　(4) 黄　翠　白　青
　　(5) 黄　绿
10. (1) 二
　　(2) 三
　　(3) 三　九
　　(4) 千　一
　　(5) 一　万
11. (1) 草
　　(2) 桃
　　(3) 杏
　　(4) 茱萸
　　(5) 枫
12. (1) 犬　　　(2) 鸟
　　(3) 马　　　(4) 蚕
　　(5) 黄牛　　(6) 蝉
　　(7) 鸟　　　(8) 鲈鱼
　　(9) 黄鹂　　(10) 白鹭
　　(11) 猿　　 (12) 黄鹤
　　(13) 乌　　 (14) 黄鹂
　　(15) 蜻蜓　 (16) 鱼
13.
　　(1) 送元二使安西
　　　　　(唐) 王维
　　渭城朝雨浥轻尘，
　　客舍青青柳色新。
　　劝君更尽一杯酒，
　　西出阳关无故人。

　　(2) 静夜思
　　　　(唐) 李白
　　床前明月光，疑是地上霜。
　　举头望明月，低头思故乡。

　　(3) 小池
　　　　(宋) 杨万里
　　泉眼无声惜细流，
　　树阴照水爱晴柔。
　　小荷才露尖尖角，
　　早有蜻蜓立上头。

　　(4) 九月九日忆山东兄弟
　　　　　(唐) 王维
　　独在异乡为异客，
　　每逢佳节倍思亲。
　　遥知兄弟登高处，
　　遍插茱萸少一人。

　　(5) 出塞
　　　　(唐) 王昌龄
　　葡萄美酒夜光杯，
　　欲饮琵琶马上催。
　　醉卧沙场君莫笑，
　　古来征战几人回。

　　(6) 咏柳
　　　　(唐) 贺知章
　　碧玉妆成一树高，
　　万条垂下绿丝绦。
　　不知细叶谁裁出，
　　二月春风似剪刀。

14.　**(1) 望天门山**
　　　　(唐) 李白
　　天门中断楚江开，

碧水东流至此回。
两岸青山相对出，
孤帆一片日边来。
　　（2）**赠汪伦**
　　　　（唐）李白
李白乘舟将欲行，
忽闻岸上踏歌声。
桃花潭水深千尺，
不及汪伦送我情。
　　（3）**酬乐天扬州初逢席上见赠**
　　　　（唐）刘禹锡
巴山楚水凄凉地，
二十三年弃置身。
怀旧空吟闻笛赋，
到乡翻似烂柯人。
沉舟侧畔千帆过，
病树前头万木春。
今日听君歌一曲，
暂凭杯酒长精神。
　　（4）**从军行**
　　　　（唐）王昌龄
青海长云暗雪山，
孤城遥望玉门关。
黄沙百战穿金甲，
不破楼兰终不还。
　　（5）**示儿**
　　　　（宋）陆游
死去原知万事空，
但悲不见九州同。
王师北定中原日，
家祭无忘告乃翁。

15.（1）白发三千丈，缘愁似个长。（唐 李白）
问君能有几多愁？恰似一江春水向东流。（南唐 李煜）
（2）两个黄鹂鸣翠柳，一行白鹭上青天。（唐 杜甫）
七八个星天外，两三点雨山前。（宋 辛弃疾）
（3）孤舟蓑笠翁，独钓寒江雪。（唐 柳宗元）
北风卷地白草折，胡天八月即飞雪。（唐 岑参）

16. 柳树：

咏柳

贺知章

碧玉妆成一树高，
万条垂下绿丝绦。
不知细叶谁裁出，
二月春风似剪刀。

月亮：

中秋月

苏轼

暮云收尽溢清寒，
银汉无声转玉盘。
此生此夜不长好，
明月明年何处看。

梅花：

梅花

王安石

墙角数枝梅，凌寒独自开。
遥知不是雪，为有暗香来。

荷花：

晓出净慈寺送林子方
杨万里
毕竟西湖六月中，
风光不与四时同。
接天莲叶无穷碧，
映日荷花别样红。

瀑布：

望庐山瀑布
李白
日照香炉生紫烟，
遥看瀑布挂前川。
飞流直下三千尺，
疑是银河落九天。

雪：

春雪
韩愈
新年都未有芳华，
二月初惊见草芽。
白雪却嫌春色晚，
故穿庭树作飞花。

枫叶：

山行
杜牧
远上寒山石径斜，
白云深处有人家。
停车坐爱枫林晚，
霜叶红于二月花。

17.（1）海内存知己，天涯若比邻。

（2）不以善小而不为，不以恶小而为之。

（3）节约时间，也就是使一个人的有限的生命，更加有效，而也就等于延长了人的寿命。——鲁迅

（4）鞠躬尽瘁，死而后已。

（5）"先天下之忧而忧，后天下之乐而乐"这句话选自宋代诗人的范仲淹名诗《岳阳楼记》。

（6）《九月九日忆山东兄弟》诗中"独在异乡为异客，每逢佳节倍思亲"在当今广为传诵，人们常引用来表达亲人之间的怀念之情。

18.（1）欲穷千里目，更上一层楼。

（2）千磨万击还坚韧，任尔东西南北风。

（3）锄禾日当午，汗滴禾下土。谁知盘中餐，粒粒皆辛苦。

（4）问渠哪得清如许，为有源头活水来。

（5）宝剑锋从磨砺出，梅花香自苦寒来。

19.1.两个黄鹂鸣翠柳，一行白鹭上青天。窗含西岭千秋雪，门泊东吴万里船。

2. 这首古诗的题目是绝句，作者是唐朝诗人杜甫。

20. （1）千里之行，始于足下。
　　（2）天网恢恢，疏而不漏。
　　（3）螳螂捕蝉，黄雀在后。
　　（4）谦受益，满招损。

21. 春雾风，夏雾晴，秋雾阴，冬雾雪。

22. 一日无书，百事荒芜。——陈寿
　　读书破万卷，下笔如有神。——杜甫
　　书犹药也，善读之可以医愚。——刘向
　　黑发不知勤学早，白首方悔读书迟。——颜真卿
　　读书有三到，谓心到、眼到、口到。——朱熹

23. 聪明在于学习，天才在于积累。——列宁
　　世上无难事，只要肯登攀。——毛泽东
　　为中华之崛起而读书。——周恩来
　　任何成就都是刻苦劳动的结果。——宋庆龄
　　书籍是人类进步的阶梯。——高尔基

24. 言必信，行必果。《论语·子路》
　　与朋友交，言而有信。——《论语·学而》
　　己所不欲，勿施于人。——《论语·颜渊》
　　精诚所加，金石为开。——《后汉书·广陵思王荆传》
　　爱人者，人恒爱之；敬人者，人恒敬之。——《孟子·离娄下》
　　老吾老，以及人之老；幼吾幼，以及人之幼。——《孟子·梁惠王上》

25. 兄弟敦和睦，朋友笃诚信。——陈子昂
　　孝在于质实，不在于饰貌。——桓宽
　　爱亲者，不敢恶于人；敬亲者，不敢慢于人。——《孝经》
　　非淡泊无以明志，非宁静无以致远。——诸葛亮

26. 少年易老学难成，一寸光阴不可轻。——《偶成》
　　路漫漫其修远兮，吾将上下而求索。——《离骚》
　　不积跬步，无以至千里；不积小流，无以成江海。——《荀子》

27. （1）书读百遍，其义自现。
　　（2）路遥知马力，日久见人心。
　　（3）前人栽树，后人乘凉。

(4) 学习如逆水行舟,不进则退。

(5) 一年之计在于春,一日之计在于晨。

(6) 庄稼一枝花,全靠肥当家。

(7) 书山有路勤为径,学海无涯苦作舟。

(8) 横眉冷对千夫指,俯首甘为孺子牛。

(9) 虚心使人进步,骄傲使人落后。

(10) 三个臭皮匠,赛过诸葛亮。

(11) 少壮不努力,老大徒伤悲。

(12) 读书破万卷,下笔如有神。

(13) 拳不离手,曲不离口。

(14) 良药苦口利于病,忠言逆耳利于行。

(15) 芝麻开花,节节高。

28. (1) 时间给(勤奋)者留下智慧和力量;给(懒惰)者留下空虚和懊悔。

(2) 不愧于对今天的人,时间会对你(微笑),丢失了今天的人,明天会给你(懊悔)。

(3) 千里之堤,(溃于蚁穴);千里之行,(始于足下)。

(4) 智者千虑,(必有一失);愚者千虑,(必有一得)。

(5) 司马昭之心,(路人皆知)。

(6) 书到用时方恨少,(是非经过不知难)。

(7) 良药苦口利于病,(忠言逆耳利于行)。

(8) 以其人之道,(还治其人之身)。

29. 表示实实在在,不可更改时用(一是一、二是二)

表示做事不考虑周到,干了再说时用(一不做、二不休)

表示一样东西两人平分时用(二一添作五)

表示某人干事麻利时用(三下五除二)

表示差不多时用(八九不离十)

表示某人打小算盘时用(小九九)

表示归根到底时用(九九归一)

表示把握大时用(十有八九)

表示很不容易时用(九牛二虎之力)

表示信心十足时用(十拿九稳)

表示距离远时用(十万八千里)

30. 风扇扇风,风出扇,扇动

风生。

31. 古稀双庆，更多一度春秋。
"古稀"指七十岁，"古稀双庆"即两个七十岁，再加上"一度春秋"，也就是一年，正好是一百四十一岁。

32. (1) "父子三词客"指苏洵、苏轼、苏辙；"文章四大家"指韩愈、柳宗元、欧阳修、苏轼。
(2) 李白 (3) 项羽 (4) 范仲淹

33. 财主这样读：
横额：人多、病少、财富
上联：养猪大如山、老鼠头头死。下联：酿酒缸缸好、造醋坛坛酸。
人们这样读：
横额：人多病、少财富
上联：养猪大如山老鼠、头头死。下联：酿酒缸缸好造醋、坛坛酸。

34. (1) 外甥打灯笼——照旧（舅）
(2) 孔夫子搬家——净是输（书）
(3) 小葱拌豆腐——一清（青）二白
(4) 上鞋不用锥子——真（针）好
(5) 四月的冰河——开动（冻）了
(6) 隔着门缝吹喇叭——名（鸣）声在外

35. 八仙过海——各显神通
孙悟空大闹天宫——慌了神
韩信点兵——多多益善
张飞穿针——粗中有细
包公断案——铁面无私
姜太公钓鱼——愿者上钩

36. 水滴石穿——非一日之功
早开的红梅——一枝独秀
砌墙的石头——后来居上
关羽失荆州——骄兵必败
王羲之写字——入木三分
周瑜打黄盖——一个愿打，一个愿挨

37. 刘关张桃园三结义——生死之交
孔明借东风——巧用天时
关公赴会——单刀直入
徐庶进曹营——一言不发
梁山泊的军师——无（吴）用
孙猴子的脸——说变就变

38. 老鼠出洞——东张西望
龙王爷搬家——厉害
老虎屁股——摸不得
狗拿耗子——多管闲事
牛吃草——吞吞吐吐
猴子吃辣椒——抓耳挠腮
亡羊补牢——为时未晚

洞里的蛇——不知长短
盲人骑瞎马——乱闯
猪八戒戴花——臭美
兔子拉车——连蹦带跳
鸡给黄鼠狼拜年——死巴结

39. 十五只吊桶打水——七上八下
千里送鹅毛——礼轻情意重
王婆卖瓜——自卖自夸
八仙过海——各显神通
包公断案——铁面无私
门缝里看人——把人看扁了
万众一条心——黄土变成金
神枪手——百发百中

40. 泥菩萨过河——自身难保
狗咬吕洞宾——不识好人心
猪鼻子里插大葱——装象
太平洋的警察——管得宽
大姑娘上轿——头一回
起重机吊鸡毛——不值一提

41. A. 人心齐，泰山移。
B. 有则改之，无则加勉。
C. 丈二和尚——摸不着头脑。
D. 针尖对麦芒——针锋相对。

42. 出其不意——（攻其不备）
翻手为云——（覆手为雨）
福无双至——（祸不单行）
捡了芝麻——（丢了西瓜）
智者千虑——（终有一失）
（一波未平）——一波又起

（成事不足）——败事有余
（食之无味）——弃之可惜
（前无古人）——后无来者
（不入虎穴）——焉得虎子

43. 猫哭耗子——（假慈悲）
太阳底下点灯——（白费蜡）
秃子瞧和尚——（光对光）
广东人唱京剧——（南腔北调）
被面补袜子——（大材小用）
水中捞月——（看得见摸不着）

44. 1. （愚公）的居处——开门见山
2. （林冲）误闯白虎堂——单刀直入
3. （孙武）用兵——以一当十
4. （曹操）败走华容道——不出所料
5. （孔明）大摆空城计——化险为夷
6. （包公）断案——铁面无私
7. （孙悟空）七十二变——神通广大
8. （诸葛亮）草船借箭——满载而归

45. 孙悟空大闹天宫——慌了神
唐僧害嘴——没咒念
猪八戒招亲——黑灯黑人
孙悟空翻筋斗——相差十万八千里

白骨精骗唐僧——一计不成，又生一计

孙猴子七十二变——神通广大

46. （三）九天种小麦——不是时候

（八）大金刚腾空——各奔前程

（千）里马拉篱笆——用非所长

（一）个锅里吃饭——彼此彼此

（九）曲桥上散步——拐弯抹角

（万）岁爷卖包子——御驾亲征

（千）年松做柴烧——大材小用

47. 壁虎尾巴——节节活

猴子耍拳——小架势

苍蝇洗脸——假干净

老虎喂猪——不放心

鸡死狼吊孝——假慈悲

螃蟹拉车——使横劲

耗子打洞——路路通

蜻蜓低飞——寻食物

48. （1）200台（2）就

49. 1. 读书好（hǎo）：读书是一种好习惯。

2. 好（hào）读书：喜爱读书。

3. 读好（hǎo）书：要读有益的书。

50. （1）"联想"一指人们思维中的想象力。如果人们失去了想象力，那么世界将会变得平淡无奇，也不会再有任何科学和世界文明的进步。

（2）"联想"二是指以"联想"为名称的电脑品牌。意思是说联想牌的电脑品质优越，希望人们都用它。

第九章 文学难题

于常处出新,于新处出奇,于奇处出乐。最普通的文字,练就最厉害的思维。

1. 历史人物　　‖分数：2分

根据成语典故，在横线上填写历史人物的名字。

(1)_____卧薪尝胆。

(2)_____无颜见江东父老。

(3)_____三顾茅庐。

(4)_____身在曹营心在汉。

2. 四书五经　　‖分数：2分

你知道中国古典文化中的"四书五经"指的是什么吗？

3. 五岳　　‖分数：2分

明末地理学家徐霞客有"五岳归来不见山，黄山归来不看岳"之说，请问：其中的五岳是指：泰山、_____、_____、_____、_____。

4. 岁寒三友　　‖分数：2分

古人将冬季常在的三种事物比喻为"岁寒三友"，你知道是哪三种事物吗？

5. 文房四宝　　‖分数：2分

中国古代文人书房中最重视的"文房四宝"是指：_____、_____、_____、_____。

6. 四大发明　∥分数：2分

中国古代"四大发明"是指：
_____、_____、
_____、_____。

7. 唐代散文家　∥分数：2分

唐代最大的散文家是：（　　）
A．李白
B．李贺
C．韩愈
D．柳宗元

8. 唐宋八大家　∥分数：2分

请填出横线上缺少的部分。
"唐宋八大家"有：欧阳修、_____、_____、_____、韩愈、柳宗元、曾巩、王安石。

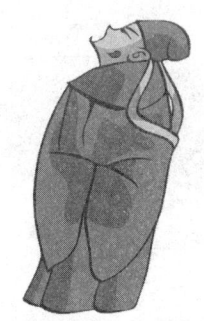

9. 扬州八怪　∥分数：2分

"扬州八怪"是指哪八人呢？

10．"春"之诗句　∥分数：2分

下面古诗中都有"春"字，其中不是描写春天的一句诗是（　　）。

A．忽如一夜春风来，千树万树梨花开。

B．春色满园关不住，一枝红杏出墙来。

C．不知细叶谁裁出，二月春风似剪刀。

D．日出江花红胜火，春来江水绿如蓝。

人未还。

A. ①②③④
B. ④①②③
C. ①③④②
D. ③①④②

11. 伟人的诗句　‖分数：2分

下列诗（词）句出自毛泽东的作品的是（　）。

A. 已是黄昏独自愁，更著风和雨。

B. 赤橙黄绿青蓝紫，谁持彩练当空舞？

C. 少壮不努力，老大徒伤悲。

D. 随风潜入夜，润物细无声。

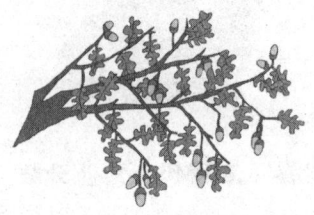

12. 诗词出处　‖分数：2分

下列四句诗分别出自古诗《长歌行》、《七步诗》、《出塞》、《示儿》的是（　）。

①百川东到海，何时复西归。

②死去元知万事空，但悲不见九州同。

③本自同根生，相煎何太急。

④秦时明月汉时关，万里长征

13. 文学知识连线　‖分数：2分

在左右两边有关系的词语之间用线连起来。

桃园三结义　　　　孔子
最后的晚餐　　　　貂蝉
卧薪尝胆　　　　　刘备
韦编三绝　　　　　勾践
沉鱼落雁，闭月羞花　耶稣

《巴黎圣母院》　　达·芬奇
《蒙娜·丽莎》　　希尔顿
《小红帽》　　　　塞万提斯
《堂吉诃德》　　　加西莫多
《香格里拉》　　　格林童话

14. 名著连线 ‖ 分数：2分

将下列名著和作者的名字以及主要人物对应连线。

罗贯中《红楼梦》　　武松
吴承恩《水浒》　　　孙悟空
施耐庵《三国演义》　林黛玉
曹雪芹《西游记》　　诸葛亮

15. 城市连线 ‖ 分数：2分

请将下列城市和对应的国家以及相关的事物用线连起来。

威尼斯　中国　　樱花
巴黎　　美国　　故宫
北京　　法国　　小艇
纽约　　日本　　香水
东京　　意大利　自由女神

16. 中华传统节日 ‖ 分数：2分

把下面提示的"农历的日子"和"节日名称"、"民间习俗"完成填空。

农历　节日　习俗
_____　春节　　恭贺新禧
正月十五　元宵_____
五月初五_____　吃粽子，赛龙舟　_____
七夕　情侣相会
_____　中秋　　赏明月，吃月饼　九月初九　_____登山，看望老人
_____　腊八　　庆丰收，吃腊八粥

17. 文学知识 水浒传 ‖ 分数：2分

《水浒传》是我国古代著名的长篇小说，写的是北宋末年以宋江为首的一百零八人在水泊梁山起义的故事，形象地描绘了农民起义从发生、发展到失败的全过程。作者是元末明初的施耐庵，还有一种说法，作者是施耐庵和罗贯中。

《水浒传》中的大多好汉都各有绰号，如宋江的绰号是及时雨。你知道以下几个人的绰号各是什么吗？

林冲、吴用、李逵、张顺、史进。

18. 外国名人名言 ‖ 分数：2分

以下的四句名言，你知道各是谁说的吗？请将正确的作者填入横线。

你若要喜爱你自己的价值，你就得给世界创造价值。＿＿＿＿

让预言的号角奏鸣！哦，西风啊，如果冬天来了，春天还会远吗？＿＿＿＿

果实的事业是尊贵的，花的事业是甜美的，但还是让我在默默献身的阴影里做叶的事业吧。＿＿＿＿

假如生活欺骗了你，不要心焦，也不要烦恼，阴郁的日子里要心平气和，相信吧，那快乐的日子就会来到。＿＿＿＿

（俄国）普希金（印度）泰戈尔（德国）歌德（英国）雪莱

19. 中国名人名言 ‖ 分数：2分

以下的四句名言，你知道各是谁说的吗？请将它们同正确的作者连线。

我们爱我们的民族，这是我们自信心的源泉。＿＿＿＿

我是中国人民的儿子，我深情地爱着我的祖国和人民。＿＿＿＿

唯有民魂是值得宝贵的，唯有他发扬起来，中国才有真进步。＿＿＿＿

我爱我的祖国，爱我的人民，离开了她，离开了他们，我就无法生存，更无法写作。＿＿＿＿

巴金　周恩来　邓小平　鲁迅

20. **读诗答问题（一）** ‖ 分数：2分

"飞流直下三千尺，疑是银河落九天"描写的是哪里的壮观景象呢？
A．泰山的壮观景象
B．庐山的壮观景象
C．黄山的壮观景象
D．华山的壮观景象

21. **读诗答问题（二）** ‖ 分数：2分

"李杜文章在，光芒万丈长"中的"李杜"指的是哪两位诗人呢？
A．李白和杜牧
B．李商隐和杜牧
C．李白和杜甫
D．李商隐和杜甫

22. **按要求写成语（一）** ‖ 分数：2分

请按要求写出以下几类的成语各两个。

(1) 写出反映人物优秀品质的成语：（　　　）（　　　）

(2) 写出AABC式成语：（　　　）（　　　）

(3) 写出四个字中带有一对反义词的成语：（　　　）（　　　）

(4) 写出形容很专心的四字词语：（　　　）（　　　）

23. **按要求写成语（二）** ‖ 分数：2分

按要求在每一组的横线上至少写出三个成语。

(1) 写出带有"风、雨"这两个字的成语_____

(2) 写出与实现自己理想相关的成语_____

(3) 春回大地，到处充满生机，望着满园的春色，你想到的成语_____

24. **时间之宝贵** ‖ 分数：2分

时间对每个人来说都是极其珍

贵的,可是,许多人并没有意识到它的宝贵,请用你所知的诗句或名言劝告他们一下,至少写出三句。

25."一"的意思　分数:2分

下面的成语里的"一"字各表示不同的意思,你能区别吗?用线把成语的序号与表示的意思连起来。

① 一心一意　　a. 单独
② 一唱一和　　b. 一旦
③ 一见如故　　c. 数目一
④ 一尘不染　　d. 刚,才
⑤ 一鸣惊人　　e. 一点儿
⑥ 一面之词　　f. 专一
⑦ 一视同仁　　g. 同一
⑧ 一如既往　　h. 完全

26.人体部位的比喻义　分数:2分

下面语句动用了哪些人体部位的比喻义,请补充。

例:北京是祖国的(心脏)。

1. 孩子是妈妈的(　　　),妈妈倍加呵护。
2. 她是咱班的文艺(　　　)。
3. 经过调查,这件事终于有了(　　　)。
4. 他俩互相关心,互相帮助,亲如(　　　)。
5. 李某为张某谋事,忠心耿耿,成了张某的(　　　)。
6. 这几天,我(　　　)不宽裕,下次再请你吃海鲜吧。

27."然"字词语　分数:2分

根据解释,概括出对应的词语。

1. 不关心不在意的样子。(　)然
2. 坚决,果断。(　)然
3. 形容十分恭敬的样子。(　)然
4. 忽然醒悟。(　)然
5. 愉快的样子。(　)然

28. 关联词语　　‖分数：2分

在括号里填上合适的关联词语。

1. （　）学会与别人合作，（　）能取得更大成功。

2. （　）我们善于把精读和略读结合起来，（　）能取得最佳的读书效果。

3. （　）雪下得很大，（　）大家都坚持到校了。

4. （　）雪下得再大，大家（　）要坚持到校。

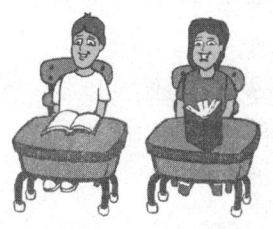

29. 关联词填空　　‖分数：2分

选择适当的关联词语填空。

不是……就是……　如果……就……　因为……所以……　无论……都……　就算……也……

1. （　）天下雨了，你们（　）不用上操了。

2. （　）我们是为人民服务的，（　）我们（　）有缺点，（　）不怕别人批评指出。

3. 每天早晨，（　）我先到班里，（　）他先到班里。

4. （　）玫瑰还是牡丹，（　）属于植物。

5. （　）刮风下雨，小李（　）坚持每天跑步。

30. 格内格外组成语　‖分数：2分

请你用方格子外的一、十、百、千、万，分别和格子里的字组成五条四字成语。注意：格子里、外均不能有多余字。

一	十	百	千	万
发	中	山	水	家
户	丝	毫	全	美
万	千	百	十	一

31. 填成语变语文术语 ‖ 分数：2分

下面14条成语，都分别缺少一个字，请你把它们补充完整后，再组成7个语文中的术语，好吗？

甜言蜜__　__质彬彬
无恶不__　__过饰非
生花妙__　__蛇添足
死里逃__　__斟句酌
难分难__　__不达意
不择手__　__气风发
物极必__　__不容辞

32. "春""风"成语 ‖ 分数：2分

"春"
春和（　）（　）
春意（　）（　）
春暖（　）（　）
春光（　）（　）
春雨（　）（　）
春满（　）（　）
春色（　）（　）
春水（　）（　）
春烟（　）（　）
春草（　）（　）
春风（　）（　）
春深（　）（　）
春花（　）（　）
春华（　）（　）
春兰（　）（　）
春山（　）（　）
春苗（　）（　）
春露（　）（　）

"风"
和风（　）（　）
微风（　）（　）
清风（　）（　）
凉风（　）（　）
春风（　）（　）
秋风（　）（　）
金风（　）（　）
急风（　）（　）
凄风（　）（　）
阴风（　）（　）
朔风（　）（　）
寒风（　）（　）
暴风（　）（　）
狂风（　）（　）
腥风（　）（　）
北风（　）（　）
西风（　）（　）
兴风（　）（　）

33. 作家名入成语 ‖分数：2分

柳			
青			
曲			
波			
屈			
原			

冰			
心			
草			
明			
雨			
果			

老			
舍			
巴			
金			
田			
汉			

35. 方位词填成语 ‖分数：2分

在方格内填入适当的字，使每横行成一成语。

东			西	
东			西	
南			北	
南			北	
上			下	
上			下	
左			右	
左			右	
南			北	
	东			西
左			右	
	上			下

34. 十二生肖话成语 ‖分数：2分

你知道十二生肖是什么吗？填写下列空格，使每个成语的最后一个字都包含一个生肖。若不限生肖在成语中的位置时，你能写出多少带生肖的成语？请试试。

			鼠
			牛
			虎
			兔
			龙
			蛇
			马
			羊
			猴
			鸡
			狗
			猪

36. 趣味数成语　‖分数：2分

在下图数字前后的空格里填上适当的字，使它们成为成语。

	一		二
	三		四
	五		六
	七		八
	九		十

			一
			二
			三
			四
			五

	七		八
	七		八
	七		八
	七		八
	七		八

37. 给"食"找座位　‖分数：2分

下面的这些"食"字成语该入哪个座？请你读读、填填。

饱食终日　布衣蔬食
发愤忘食　废寝忘食
自食其果　自食其言
丰衣足食　饥不择食
锦衣玉食　食不甘味
因噎废食　自食其力

干了坏事，自作自受。
　　　　　　　（　　　）
说了不算，不守信用。
　　　　　　　（　　　）
自己劳动，养活自己。
　　　　　　　（　　　）
吃饱肚子，不做事情。
　　　　　　　（　　　）
衣食简单，生活俭朴。
　　　　　　　（　　　）
怕卡喉咙，不敢吃饭。
　　　　　　　（　　　）
生活穷困，不择食物。
　　　　　　　（　　　）
刻苦努力，忘了吃饭。
　　　　　　　（　　　）
不去睡觉，忘了吃饭。
　　　　　　　（　　　）
穿的吃的，都很富足。
　　　　　　　（　　　）

衣食精美，生活奢侈。
（　　　　）
心中有事，吃饭不香。
（　　　　）

38. 反义构成语　∥分数：2分

在下列括号中填上一组反义词，使之组成一个成语。

声（　）击（　）
以（　）待（　）
化（　）为（　）
貌（　）神（　）
欲（　）故（　）
（　）令（　）改
（　）面（　）心
（　）鳞（　）爪
（　）辕（　）辙
（　）秦（　）楚
去（　）存（　）
送（　）迎（　）
弃（　）投（　）
大（　）小（　）
头（　）脚（　）
以（　）胜（　）

以（　）乱（　）
删（　）就（　）
瞻（　）顾（　）
怙（　）怕（　）
将（　）折（　）
舍（　）忘（　）
惹（　）生（　）
三（　）两（　）
扬（　）避（　）
喧（　）夺（　）
转（　）为（　）
反（　）为（　）
博（　）通（　）
顾（　）失（　）

39. 成语的两面　∥分数：2分

一些成语由前后两个句子组成，前句和后句往往有相反或补充的意思。如"前车之覆，后车之鉴"。下面有四条这样的成语，你能补充完整吗？

(1) 前门（　）（　），
　　后门（　）（　）

(2) 得道（　）（　），
　　失道（　）（　）
(3) 前人（　）（　），
　　后人（　）（　）
(4) 兼听（　）（　），
　　偏信（　）（　）

A. 应接不暇　琳琅满目
　 目不暇接　美不胜收
B. 目不暇接　琳琅满目
　 应接不暇　美不胜收
C. 应接不暇　美不胜收
　 目不暇接　琳琅满目
D. 目不暇接　美不胜收
　 应接不暇　琳琅满目

40. 最恰当的成语　‖分数：2分

依次填入下列各句横线上的成语，与句意最贴切的一组是（　）。

(1) 故宫博物院里，陈列着各种奇珍异宝、古玩文物，令人_____。

(2) 玉器厂展品室里陈列着鸟兽、花卉、人物等各种玉雕展品，神态各异，栩栩如生，真是_____。

(3) 汽车向神农架山区奔驰，只见奇峰异岭扑面而来，令人_____。

(4) 货柜上摆满了具有传统特色的珠宝、翡翠、玉雕、字画，品种齐全，真是_____。

41. 巧填成语　‖分数：2分

在括号中补上合适的成语。

世界上的事物都是发展变化的，没有一样东西是（　）的。

这件事再难办，你也要（　）地办好它。

要是今年遇上（　）的好天气，一定又是一个丰收年。

毕业考试的日子已经（　）了，你要再不抓紧时间复习就来不及了。

42.《登鹳雀楼》填成语
‖分数：2分

唐朝王之涣的《登鹳雀楼》是一首脍炙人口的绝句，你能用它的每一个字作为开头，填出各条成语来吗？

白＿＿＿＿
黄＿＿＿＿
欲＿＿＿＿
更＿＿＿＿
日＿＿＿＿
河＿＿＿＿
穷＿＿＿＿
上＿＿＿＿
依＿＿＿＿
入＿＿＿＿
千＿＿＿＿
一＿＿＿＿
山＿＿＿＿
海＿＿＿＿
里＿＿＿＿
层＿＿＿＿
尽＿＿＿＿
流＿＿＿＿
目＿＿＿＿
楼＿＿＿＿

43. 古诗词句填成语 ‖分数：2分

① 九州生气恃风雷，＿＿＿＿＿究可哀。——清·龚自珍《己亥杂诗》

② 小楼昨夜又东风，故国＿＿＿＿月明中。——南唐·李煜《虞美人》

③ 褒公鄂公毛发动，＿＿＿＿来酣战。——唐·杜甫《丹青引赠曹将军霸》

④ 秦时明月汉时关，＿＿＿＿人未还。——唐·王昌龄《出塞》

⑤ ＿＿＿＿铁未销，自将磨洗认前朝。——唐·杜牧《赤壁》

⑥ 大鹏一日同风起，＿＿＿＿九万里。——唐·李白《上李邕》

⑦ 大江东去，浪淘尽，千古＿＿＿＿。——宋·苏轼《念奴娇·赤壁怀古》

⑧ 诏谓将军拂绢素，意匠＿＿＿＿中。——唐·杜甫《丹青引赠曹将军霸》

⑨ ＿＿＿＿难为水，除却巫山不是云。——唐·元稹《离思》

⑩ ＿＿＿＿马蹄疾，一日看尽长安花。——唐·孟郊《登科后》

44. 修改病句（一） ‖分数：2分

1. 解放军叔叔击落了五架敌机和三艘军舰。

2. 骄傲自满是学习上的阻碍。

3. 这些是唐朝出土的文物。

4. 看了这部电视剧，都留下了深刻的印象。

5. 公园新设了由两个英国援建的游乐项目。

6. 我估计他这道题一定做错了。

7. 他兴冲冲地跑进教室，兴高采烈地宣布了明天去春游的好消息。

8. 听了这段报告，使我们懂得了许多道理。

9. 冬天，寒风呼啸着拂面而来，吹得人瑟瑟发抖。

10. 即使你是天才，却同样离不开老师的培养教育。

45. 修改病句（二） ‖分数：2分

1. 《草原》的作者是老舍写的。

2. 坚持写日记，写作能力就会迅速提高和扩大。

3. 这种不爱惜劳动成果，任意浪费，是可耻的。

4. 我们要增强克服困难的信心和方法。

5. 报晓的公鸡是起床的信号。

6. 我们要认真纠正自己的缺点和错误。

7. 多读好书，可以丰富和提高我们的知识。

8. 《小学生语文学习》和《中国少年报》是我最喜欢读的报纸。

9. 少先队员要热爱祖国和公共财物。

10. 任何一切困难都不能吓倒有坚强意志的少先队员。

46. 修改病句（三） ‖分数：2分

1. 听了报告，受到了教育。

2. 早稻熟透了，田野里像铺上了绿色地毯。

3．我忍不住不禁笑了出来。

4．我经常看到小明有时在早锻炼。

5．少先队员要发挥革命传统。

6．因为老舍爱养花，而且养了许多花。

7．小兴安岭的夏天是个美丽的地方。

8．我昨天看了电影"闪闪的红星"。

9．他喊他出去玩。

10．妈妈买了水果、桃、苹果，还有巧克力。

47．改写句子（一）　‖分数：2分

按照括号中的要求改写句子。

1．很小的地方长着一棵大树。（改写成夸张句。）

2．少先队员不能害怕困难。（改写成反问句。）

3．父亲说："这是我对你的希望。"（改写成陈述句。）

48．改写句子（二）　‖分数：2分

1．这怎么忍受得了呢？（改为陈述句。）

2．所有的人都承认地球绕着太阳转。（改写成反问句。）

3．橘子_____好吃，我_____只能眼巴巴地看着。（填关联词语。）

_____他很热爱大自然，_____他常常去旅游。

4．列宁说："这一次，我先走。"（换个说法）

49．改写句子（三）　‖分数：2分

（1）大片大片的雪花从彤云密布的天空中纷纷扬扬的飘落下来。（要求：缩句）缩句：

（2）没有哪一个同学说李医生不是好人。

①改为肯定句：＿＿＿＿＿＿＿＿＿＿＿＿
②改为反问句：＿＿＿＿＿＿＿＿＿＿＿＿

50. 仿写句子　‖分数：2分

照样子写一写
例：你无法改变容貌，
但你可以展示笑容。
你无法左右天气，
但你可以改变心情。
你无法预知明天，
＿＿＿＿＿＿＿＿＿＿。
你不能要求结果，
＿＿＿＿＿＿＿＿＿＿。
你无法样样顺利，
＿＿＿＿＿＿＿＿＿＿。
你不能决定生命的长度，
＿＿＿＿＿＿＿＿＿＿。

答案部分：

第九章 文学难题

1. （1）勾践；（2）项羽；
   （3）刘备；（4）关羽。
2. "四书"指《大学》、《中庸》、《论语》和《孟子》，"五经"指《诗经》、《书经》、《礼经》、《易经》和《春秋》。
3. 衡山、嵩山、华山、恒山。
4. 松、竹、梅。
5. 纸、墨、笔、砚。
6. 指南针、火药、造纸术、活字印刷术。
7. C
8. 苏洵、苏轼、苏辙。
9. "扬州八怪"是指清代乾隆年间活跃于扬州一带的郑燮（号板桥）、金农、罗聘、黄慎、高翔、李鱓、汪士慎、李方膺八人。
10. A
11. A
12. C
13. 桃园三结义　　　　　刘备
    最后的晚餐　　　　　耶稣
    卧薪尝胆　　　　　　勾践
    韦编三绝　　　　　　孔子
    沉鱼落雁，闭月羞花　貂蝉

    《巴黎圣母院》　加西莫多
    《蒙娜·丽莎》　达·芬奇
    《小红帽》　　　格林童话
    《堂吉诃德》　　塞万提斯
    《香格里拉》　　希尔顿
14. 吴承恩《西游记》　孙悟空
    施耐庵《水浒》　　武松
    罗贯中《三国演义》诸葛亮
    曹雪芹《红楼梦》　林黛玉
15. 北京　中国　故宫
    东京　日本　樱花
    巴黎　法国　香水
    威尼斯　意大利　小艇
    纽约　美国　自由女神
16. 正月初一　春节　恭贺新禧
    正月十五　元宵　吃元宵，猜灯谜
    五月初五　端午　吃粽子，赛龙舟

七月初七 七夕 情侣相会

八月十五 中秋 赏明月，吃月饼

九月初九 重阳 登山，看望老人

腊月初八 腊八 庆丰收，吃腊八粥

17. 豹子头林冲、智多星吴用、黑旋风李逵、浪里白条张顺、九纹龙史进。

18. 你若要喜爱你自己的价值，你就得给世界创造价值。——（德国）歌德

让预言的号角奏鸣！哦，西风啊，如果冬天来了，春天还会远吗？——（英国）雪莱

果实的事业是尊贵的，花的事业是甜美的，但还是让我在默默献身的阴影里做叶的事业吧。——（印度）泰戈尔

假如生活欺骗了你，不要心焦，也不要烦恼，阴郁的日子里要心平气和，相信吧，那快乐的日子就会来到。——（俄国）普希金

19. 我们爱我们的民族，这是我们自信心的源泉。——周恩来

我是中国人民的儿子，我深情地爱着我的祖国和人民。——邓小平

唯有民魂是值得宝贵的，唯有他发扬起来，中国才有真进步。——鲁迅

我爱我的祖国，爱我的人民，离开了她，离开了他们，我就无法生存，更无法写作。——巴金

20. B

21. C

22. (1) 助人为乐、乐善好施
    (2) 栩栩如生、孜孜不倦
    (3) 出生入死、同甘共苦
    (4) 聚精会神、全神贯注

23. (1) 风雨交加、暴风骤雨、翻云覆雨
    (2) 如愿以偿、得偿所愿、心想事成
    (3) 春意盎然、满园春色、生机勃勃

24. 一寸光阴一寸金，寸金难买寸光阴。
    少壮不努力，老大徒伤悲。
    我生待明日，万事成蹉跎。
    忘掉今天的人将被明天忘掉（歌德）。

25. ① 一心一意 h. 完全
    ② 一唱一和 c. 数目一
    ③ 一见如故 d. 刚，才

④ 一尘不染 e. 一点儿

⑤ 一鸣惊人 b. 一旦

⑥ 一面之词 a. 单独

⑦ 一视同仁 g. 同一

⑧ 一如既往 f. 专一

26. 1. 孩子是妈妈的（心肝），妈妈倍加呵护。

2. 她是咱班的文艺（骨干）。

3. 经过调查，这件事终于有了（眉目）。

4. 他俩互相关心，互相帮助，亲如（骨肉）。

5. 李某为张某谋事，忠心耿耿，成了张某的（心腹）。

6. 这几天，我（手头）不宽裕，下次再请你吃海鲜吧。

27. 1. 漠然 2. 断然 3. 肃然
    4. 幡然 5. 怡然

28. 1. 如果 就   2. 只要 就
    3. 虽然 但是   4. 即使 也

29. 1. 如果天下雨了，你们就不用上操了。

2. 因为我们是为人民服务的，所以我们就算有缺点，也不怕别人批评指出。

3. 每天早晨，不是我先到班里，就是他先到班里。

4. 无论玫瑰还是牡丹，都属于植物。

5. 无论刮风下雨，小李都坚持每天跑步。

30. 百发百中、千山万水、千家万户、一丝一毫、十全十美

31. 甜言蜜语 文质彬彬
    无恶不作 文过饰非
    生花妙笔 画蛇添足
    死里逃生 词斟句酌
    难分难解 词不达意
    不择手段 意气风发
    物极必反 义不容辞

32. "春"
    春和（景）（明）
    春意（盎）（然）
    春暖（花）（开）
    春光（明）（媚）
    春雨（如）（油）
    春满（人）（间）
    春色（满）（园）
    春水（荡）（漾）
    春烟（缭）（绕）
    春草（碧）（野）
    春风（拂）（面）
    春深（如）（海）
    春花（似）（锦）
    春华（秋）（实）
    春兰（秋）（菊）
    春山（如）（黛）
    春苗（茁）（壮）

春露（秋）（霜）

"风"

和风（细）（雨）

微风（拂）（面）

清风（徐）（来）

凉风（习）（习）

春风（得）（意）

秋风（萧）（瑟）

金风（送）（爽）

急风（暴）（雨）

凄风（苦）（雨）

阴风（怒）（号）

朔风（凛）（冽）

寒风（刺）（骨）

暴风（骤）（雨）

狂风（呼）（啸）

腥风（血）（雨）

北风（呼）（号）

西风（乍）（起）

兴风（作）（浪）

33. 柳暗花明　青山绿水

冰释前嫌　心心相印

老气横秋　舍生取义

曲高寡和　波澜壮阔

草菅人命　明争暗斗

巴山蜀水　金碧辉煌

屈指可数　原封不动

雨过天晴　果不其然

田连阡陌　汉官威仪

34. 目光如鼠　充栋汗牛

降龙伏虎　守株待兔

卧虎藏龙　打草惊蛇

单枪匹马　饿虎扑羊

杀鸡儆猴　呆若木鸡

飞鹰走狗　一龙一猪

35. 东奔西走　东张西望

南来北往　南辕北辙

上行下效　上传下达

左顾右盼　左邻右舍

南征北战　声东击西

左思右想　七上八下

36. 一穷二白　三番四次

五颜六色　七手八脚

九儒十丐　百里挑一

一分为二　举一反三

丢三落四　拔十得五

七拼八凑　七零八落

七手八脚　七嘴八舌

七上八下

37. 自食其果　自食其言

自食其力　饱食终日

布衣蔬食　因噎废食

饥不择食　发愤忘食

废寝忘食　丰衣足食

锦衣玉食　食不甘味

38. 声（东）击（西）

以（逸）待（劳）

化（整）为（零）
貌（合）神（离）
欲（擒）故（纵）
（朝）令（夕）改
（人）面（兽）心
（一）鳞（半）爪
（南）辕（北）辙
（朝）秦（暮）楚
去（伪）存（真）
送（去）迎（来）
弃（暗）投（明）
大（同）小（异）
头（重）脚（轻）
以（少）胜（多）
以（假）乱（真）
删（繁）就（简）
瞻（前）顾（后）
拈（轻）怕（重）
将（功）折（罪）
舍（生）忘（死）
惹（是）生（非）
三（长）两（短）
扬（长）避（短）
喧（宾）夺（主）
转（败）为（胜）
反（客）为（主）
博（古）通（今）
顾（此）失（彼）

39. （1）前门（拒虎），
后门（进狼）
（2）得道（多助），
失道（寡助）
（3）前人（栽树），
后人（乘凉）
（4）兼听（则明），
偏信（则暗）

40. D

41. 一成不变　不遗余力
风调雨顺　迫在眉睫

42. 白头偕老　黄粱一梦
欲盖弥彰　更仆难数
日久天长　河清海晏
穷途末路　上行下效
依依不舍　入不敷出
千篇一律　一衣带水
山穷水尽　海阔天空
里应外和　层出不穷
尽心竭力　流连往返
目不转睛　楼高百尺

43. ① 九州生气恃风雷，万马齐喑究可哀。——清·龚自珍《己亥杂诗》
② 小楼昨夜又东风，故国不堪回首月明中。——南唐·李煜《虞美人》
③ 褒公鄂公毛发动，英姿飒爽来酣战。——唐·杜甫《丹青引赠曹将军霸》

④秦时明月汉时关，万里长征人未还。——唐·王昌龄《出塞》

⑤折戟沉沙铁未销，自将磨洗认前朝。——唐·杜牧《赤壁》

⑥大鹏一日同风起，扶摇直上九万里。——唐·李白《上李邕》

⑦大江东去，浪淘尽，千古风流人物。——宋·苏轼《念奴娇·赤壁怀古》

⑧诏谓将军拂绢素，意匠惨淡经营中。——唐·杜甫《丹青引赠曹将军霸》

⑨曾经沧海难为水，除却巫山不是云。——唐·元稹《离思》

⑩春风得意马蹄疾，一日看尽长安花。——唐·孟郊《登科后》

44. 1. 解放军叔叔击落了五架敌机，打沉了三艘军舰。

2. 骄傲自满是学习进步的阻碍。

3. 这些是新出土的唐朝文物。

4. 这部电视剧给人们留下了深刻的印象。

5. 公园新设了两个由英国援建的游乐项目。

6. 我认为他这道题一定做错了。

7. 他跑进教室，兴高采烈地宣布了明天去春游的好消息。

8. 听了这段报告，我们懂得了许多道理。

9. 冬天，寒风呼啸而来，吹得人瑟瑟发抖。

10. 即使你是天才，也同样离不开老师的培养教育。

45. 1. 《草原》的作者是老舍。

2. 坚持写日记，写作能力就会迅速提高。

3. 这种不爱惜劳动成果，任意浪费的行为，是可耻的。

4. 我们要增强克服困难的信心，找到适当的方法。

5. 公鸡报晓是起床的信号。

6. 我们要认真纠正自己的缺点。

7. 多读好书，可以丰富我们的知识。

8. 《小学生语文学习》和《中国少年报》是我最喜欢的读物。

9. 少先队员要热爱祖国，爱护公共财物。

10. 任何困难都不能吓倒有坚强意志的少先队员。

46. 1. 听了报告，我受到了教育。
2. 早稻熟透了，田野里像铺上了黄色地毯。
3. 我忍不住笑了出来。
4. 我经常看到小明在早锻炼。
5. 少先队员要继承革命传统。
6. 老舍不但爱养花，而且养了许多花。
7. 夏天的小兴安岭是个美丽的地方。
8. 我昨天看了电影《闪闪的红星》。
9. 他喊我出去玩。
10. 妈妈买了水果，还有巧克力。

47. 1. 这一小块弹丸之地上竟然长着一棵参天大树。
2. 少先队员怎么能害怕困难呢？
3. 父亲说这是他对我的希望。

48. 1. 这实在忍受不了。
2. 难道有人不承认地球绕着太阳转吗？
3. 橘子虽然好吃，我却只能眼巴巴地看着。
因为他很热爱大自然，所以他常常去旅游。
4. 列宁说："这一次，我走了你们再走。"

49. (1) 雪花飘落下来。
(2) ①每一个同学都说李医生是好人。
②难道有哪一个同学说李医生不是好人吗？

50. 你无法预知明天，但你可以把握今天。
你不能要求结果，但你可以感受过程。
你无法样样顺利，但你可以减少失误。
你不能决定生命的长度，但你可以延伸生命的价值。